POR QUE CAMINHAR SE VOCÊ PODE VOAR?

FONTANAR

ISHA

POR QUE CAMINHAR SE VOCÊ PODE VOAR?

Tradução
Joel Macedo

FONTANAR

O título *Why walk when you can fly?* foi inspirado na música do mesmo nome de autoria de Mary Chapin Carpenter.

EDITORA OBJETIVA LTDA., rua Cosme Velho, 103
Rio de Janeiro – RJ – Tel.: (21) 2199-7824 e (21) 2199-7825
www.objetiva.com.br

Título original
Why walk when you can fly?

Capa
Miriam Lerner

Imagem de capa
Shannon Fagan/ Getty Images

Revisão
Bruno Fiuza
Lilia Zanetti
Eduardo Carneiro

Editoração eletrônica
Filigrana

CIP-BRASIL. CATALOGAÇÃO-NA-FONTE
SINDICATO NACIONAL DOS EDITORES DE LIVROS, RJ

Isha (Escritora)
Por que caminhar se você pode voar? / Isha ; tradução Joel Macedo. - Rio de Janeiro : Objetiva, 2011.

Tradução de: *Why walk when you can fly?*
165p.
ISBN 978-85-390-0242-9

1. Autorrealização (Psicologia). 2. Conduta. 3. Medo. 4. Amor. 5. Vida espiritual. I. Título.

11-1861. CDD: 158
CDU: 159.947

Grandes mestres são eternos estudantes –
para minha mãe, com amor

Sumário

Parte 2. O Portal Diamante

Introdução

Era uma vez um rei que recebeu de presente dois falcões magníficos da Arábia. Eram falcões-peregrinos, os pássaros mais lindos que ele já tinha visto. O rei mandou os dois pássaros preciosos para serem adestrados pelo mestre de falcoaria.

Passaram-se meses e, um dia, o adestrador de aves informou ao soberano que um dos falcões estava voando majestosamente, planando nas alturas, enquanto o outro pássaro não se movera do galho desde o dia em que chegou.

O rei convocou curandeiros e feiticeiros de toda a terra para se dedicarem ao falcão, mas nenhum deles pôde fazer o pássaro levantar voo. Ele apresentou o desafio para os membros da corte, mas, no dia seguinte, o rei olhou pela janela do palácio e viu que o pássaro ainda não tinha se movido do poleiro. Após ter tentado de tudo, o rei pensou consigo: "Talvez eu precise de alguém com mais experiência em assuntos campestres para entender a natureza deste problema." Então, ordenou à sua corte: "Vão, e tragam-me um camponês!"

De manhã, o rei estava emocionado ao ver o falcão sobrevoando os jardins do palácio. Ele disse aos membros da corte: "Tragam-me o autor desse milagre."

O camponês foi logo encontrado e trouxeram-no para conhecer o rei. Este, então, lhe perguntou: "Como você fez o falcão voar?"

Com reverência, o humilde camponês disse ao rei: "Foi fácil, majestade. Eu simplesmente cortei o galho."

Todos nós fomos feitos para voar – para realizar nosso potencial incrível como seres humanos. Mas, em vez de fazer isso, sentamos em nossos galhos, apegados a tudo o que nos é familiar. As possibilidades são infinitas, mas para a maioria de nós elas permanecem encobertas. O conhecido, o confortável e o mundano são cômodos. E assim, para a maioria, a vida é medíocre, quando poderia ser emocionante, animadora e plena.

Eu sou como o camponês nesta história. Estou aqui para lhe oferecer uma sabedoria que, quando for aplicada em sua vida, cortará o galho em que você está agarrado e fará com que você levante voo.

Neste livro, vou lhe ensinar um sistema que destruirá o galho do medo a que você se agarrou, libertando-o para a glória do voo. Esse sistema é chamado de Sistema Isha, e já vi dezenas de milhares de vidas transformadas por sua prática.

O primeiro aspecto do sistema são as quatro *facetas*, que compõem o que chamamos de *Portal Diamante* – a experiência de nossa perfeição, o estado de constante paz e amor. Estas facetas são declarações simples de verdades profundas, expressões puras de amor incondicional, que repetiremos para nós mesmos mentalmente, sem nenhum esforço ou tensão. Cada faceta representa um aspecto da experiência da unidade e foi criada para produzir a vibração de unidade. Ao praticar as facetas, desencadearemos a criação de uma mudança interior radical, nos afastando dos hábitos oriundos do medo e das inseguranças, que nos impedem de voar.

As facetas do Sistema Isha podem parecer extremamente simples, mas, na realidade, são ferramentas muito poderosas e transformadoras para o crescimento interior. Elas transportam os indivíduos rapidamente dentro da experiência de sua verdadeira natureza: a experiência daquilo que chamamos de *amor-consciência*.

Amor-consciência não é para ser confundido com a "consciência" da psicologia. Não se refere à mente consciente em oposição à mente inconsciente. Amor-consciência é o amor incondicional dentro de todos os seres, uma experiência que se expande quando mergulhamos fundo dentro de nós mesmos. Não é uma experiência estranha ou etérea, mas é algo muito concreto e natural; você provavelmente já experimentou algo semelhante em momentos de sua vida – talvez quando esteve em contato com um bebê, ou quando liberou sua criatividade, observou um pôr do sol, ou durante uma meditação.

Para a maioria de nós, a mente inconsciente é constituída pelos medos e pelas dúvidas que nos mantêm agarrados ao galho como aquele falcão da parábola, mas, em vez de analisar cada aspecto dos nossos comportamentos autodestrutivos, a proposta do Sistema Isha é simples: devemos focar no amor. Assim, todos os sentimentos oriundos do medo começarão a evaporar.

Na sociedade atual, a maioria de nós tem a tendência de pensar que se alguma coisa é fácil, não vale nada. Há inclusive uma crença que diz: "ganharás o pão com o suor do teu rosto", que sintetiza essa perspectiva. Alguns acreditam que a única maneira de alcançar a liberdade é pela concentração máxima enquanto meditamos numa posição desconfortável e complexa. Outros foram ensinados por seus pais ou por algumas religiões que o sofrimento é o caminho da liberação. Uma vez que as facetas do Sistema Isha não demandam esforço ou dor, elas não coadunam com estas crenças sobre como atingir a realização pessoal.

As facetas nos trazem ao momento. Isso não é nada complicado. Elas são simples, assim como o segredo para a felicidade é simples, assim como o amor e a alegria são simples. Todas essas coisas vêm da inocência – que é a capacidade de estar inteiramente presente. A inocência é uma peça fundamental do Sistema Isha. As crianças exemplificam a inocência com perfeição: elas não são complexas, não estão fazendo planos para o futuro ou arrependendo-se do passado – elas apenas são.

Você lembra como era ser criança? Como era feliz sem precisar de uma razão? Você vivia perfeitamente no momento. Encontrava encantamento em tudo. A vida era uma alegria só. Você não se julgava, mas pensava que era perfeito exatamente como você era. Se estivesse feliz, você ria. Se estivesse triste, chorava. Se estivesse zangado, batia os pés e logo ficava alegre de novo. Ao praticar este sistema, eu quero que você se torne essa criança outra vez. Eu quero que você abrace a simplicidade e a espontaneidade, e abandone as questões, os controles e as opiniões do seu intelecto. Se você puder reacender a inocência perdida da infância enquanto mantém, ao mesmo tempo, a maturidade e a responsabilidade adquiridas na vida adulta, este sistema trabalhará rápida e profundamente, transformando sua vida de uma forma que você não pode imaginar.

Começaremos nossa jornada explorando as facetas. Cada um dos primeiros quatro capítulos aborda uma faceta. Junto com as instruções específicas a respeito de como utilizar as facetas, o livro também inclui alguns ensinamentos espirituais universais para ajudá-lo a enxergar sua vida mais claramente. Estas verdades espirituais poderão guiá-lo quando começar a colocar em prática as facetas na sua própria vida. O capítulo 5 traz mais conselhos práticos sobre como incorporar as facetas, e aborda experiências que você poderá ter enquanto utiliza as facetas. O capítulo 6 descreve os sete componentes do Sistema Isha, as facetas sendo o primeiro componente. Este capítulo serve para mostrar o contexto mais amplo em que as facetas se encaixam. À medida que trabalhar com as facetas e com o restante do Sistema, você verá que grandes mudanças e novas sabedorias começarão a brotar em sua vida. No capítulo 7, o encerramento do livro, você receberá diretrizes que mostram como integrar estas mudanças à sua vida como um todo. Também incluí histórias de muitas pessoas com quem trabalhei e cujas vidas foram transformadas pelo Sistema Isha.

Acredito que, como elas, você descobrirá que o Sistema é capaz de ajudá-lo a enxergar o mundo – e você mesmo – pelas lentes do amor-consciência e descobrir uma paz profunda e duradoura.

Parte 1

As Facetas Isha

Capítulo 1

A primeira faceta

Abraçar o Momento Presente

Um casal recém-casado se mudou para um apartamento num bairro muito movimentado. No primeiro dia morando no novo lar, depois de ter feito café, a jovem esposa olhou pela janela e viu sua vizinha colocando lençóis para secar. "Que lençóis imundos!", ela pensou consigo mesma. "Talvez ela precise comprar um sabão em pó melhor. Talvez eu devesse ensinar-lhe a maneira certa de lavar seus lençóis." De tempos em tempos, repetia o comentário para seu marido, enquanto olhava a vizinha pendurar suas roupas mal lavadas à luz da manhã.

Passou-se um mês, e certo dia a esposa se surpreendeu ao ver a mesma vizinha estendendo lençóis absolutamente brancos. Ela exclamou para o marido: "Olha! Ela finalmente aprendeu a lavar suas roupas. Quem será que lhe ensinou?"

O marido replicou: "Bem, na verdade, querida, a única diferença é que eu me levantei mais cedo hoje e limpei a janela."

Cada um de nós passou a vida enxergando o mundo através de uma janela. Tingida pelas crenças e ideias adquiridas no passado, essa janela distorcida cria o nosso mundo e governa nossa percepção do universo. Na maioria dos casos, nossas janelas estão cobertas pela sujeira e pela poeira de uma longa vida, turvando nossa visão, impedindo que a luz da verdade chegue até nós.

A janela da mente se torna suja quando nosso subconsciente está cheio de autocrítica e pontos de vista baseados no medo. Infelizmente, este é o caso de muitos de nós – pensamentos distorcidos incessantes são nossos eternos companheiros. Nossas mentes adultas estão em um perpétuo estado de caos e contradição. Nossos pensamentos clamam incansavelmente por atenção, nos fazendo pular de uma distração para outra. Esta onda de pensamento intermitente afeta todo o nosso sistema nervoso.

Como isso acontece? A resposta está na vibração. Nossos pensamentos têm uma vibração, assim como qualquer som tem uma vibração. Estas vibrações ressoam dentro do sistema nervoso, afetando nosso padrão vibratório interno. Quando nossos pensamentos são erráticos e conflituosos, eles produzem uma vibração dissonante no corpo. Quando nossos pensamentos são harmoniosos e criativos, a vibração de unidade nos envolve, e tudo o que não está vibrando naquela frequência começa a desaparecer naturalmente.

A inquietação da humanidade

Nós raramente nos sentimos completos no momento presente. No mundo de hoje, pessoas de todas as classes sociais e estilos de vida lutam com um sentimento constante de descontentamento. É bastante frequente perceber que ansiamos por algo mais: não importa o que já tivermos conquistado em nossas vidas, a plenitude que tanto desejamos permanece nos iludindo.

Muitos de nós percebemos que nossa atenção gravita constantemente na direção do que está errado em nossas vidas. Raramente direcionamos nossa atenção para valorizar todas as coisas maravilhosas que temos; em vez disso, estamos habituados a criticar o que nos cerca, culpando aquilo que vem de fora por nosso descontentamento. Nós raramente estamos no momento presente por tempo suficiente para abraçar a mágica do agora.

Sempre me empenhei para atingir metas difíceis, colocando todo o meu coração em tudo o que fazia. Mas durante grande parte da minha vida isso me parecia insuficiente. Eu vivia insatisfeita comigo mesma, sempre querendo mais. Incapaz de apreciar completamente as coisas que já havia conquistado, eu vivia focada no que estava faltando.

De fato, embora eu aparentasse ser uma mulher poderosa, bem-sucedida e confiante, no fundo, sempre duvidei de mim mesma. Constantemente ficava me criticando, e embora não fosse consciente disso, por trás da minha personalidade autoconfiante havia uma grande dose de medo.

De certo modo, todos nós passamos por esse tipo de desilusão. Não importa onde estejamos neste planeta, podemos nos sentir descontentes, enquanto atribuímos a culpa de nosso tormento interno a nosso lugar no mundo ou a circunstâncias externas. Isso pode acontecer nas maiores cidades; mesmo com todas as distrações que existem nesse mundo automatizado, e apesar da presença crescente de pessoas nos grandes centros urbanos, tem gente morrendo de depressão e de solidão no coração de Manhattan e Buenos Aires. Pode acontecer também no interior, com gente que está cercada pela natureza e na companhia de pessoas que amam. Onde quer que estejamos, sentimos um arrependimento imenso, culpa e dor, como resultado de coisas que aconteceram em nossas vidas, e ansiamos por coisas que gostaríamos que acontecessem. Esta é a insanidade da condição humana – a tendência de nossas mentes para estar sempre voltando ao passado ou projetando o futuro, fazendo-nos sentir miseráveis.

A maioria de nós tem uma ideia de como a felicidade deveria parecer. Nós tendemos a enxergar a felicidade como um momento futuro – quando teremos a condição de ter uma casa maior, quando comprarmos um carro novo, assim que encontrarmos o parceiro perfeito, depois que os filhos crescerem, quando nos aposentarmos.

Você já percebeu que quando atinge as suas metas – um emprego melhor, uma casa maior, um novo amor – há sempre algo mais que você deseja do seu coração? Parece que a despeito do que já conseguimos, a realização está sempre além do nosso alcance. Por que nunca nada é suficiente?

Estamos sempre esperando que *alguma coisa* aconteça, qualquer coisa que possa trazer a satisfação que tem nos iludido por tanto tempo. O futuro parece ser nossa única esperança de encontrar a verdadeira realização, enquanto o momento presente – onde todos vivemos sem qualquer esforço – é onde menos esperamos encontrá-lo.

O que nos impede de descobrir a beleza da vida que vive no momento presente? A causa não é externa, como costumamos imaginar, mas é interna. Jaz dentro de nossas próprias mentes.

A Matrix da mente

O intelecto é um dos grandes tesouros da experiência humana. Ele fornece os meios para uma evolução constante.

Descobertas científicas e avanços recentes na comunicação e tecnologia rendem homenagem ao seu brilhantismo, e, em um nível mais pessoal, o intelecto provê atributos especiais, tais como o discernimento e a comparação, para nos ajudar a tomar decisões na vida cotidiana.

Ainda assim, o alcance da mente, embora variado e fascinante, é limitado. Não pode compreender totalmente as complexidades do amor, por exemplo. Pelo contrário, a mente tende a focar no mundano e a passar incessantemente de pensamento em pensamento. Mesmo encarando uma beleza intensa – vendo o sol se pôr sobre uma montanha dourada, por exemplo –, a mente vagueia para outros lugares, outros tempos...

"Uau! Esse pôr do sol é incrível. Dizem que um fim de tarde como esse significa que teremos um dia lindo amanhã. Eu realmente torço para isso, porque é minha única folga na semana e tenho muito o que fazer. Preciso ir à academia logo cedo – tenho que perder peso! Depois, tenho que passar numa loja para comprar tinta, preciso lavar roupa, arrumar a casa para receber os hóspedes e ver o que farei para o jantar. A última vez que recebemos amigos, eles gostaram muito daquele prato de massa – talvez eu deva fazê-lo de novo. Pena que o bolo de aniversário que nossos amigos trouxeram aquela vez estava terrível. Ah, não! O aniversário da mamãe é amanhã, e eu esqueci de comprar um presente. Eu sou mesmo uma péssima filha..."

Ao nos identificarmos tão profundamente com o movimento frenético da mente, perdemos a visão de tudo o que se encontra além do seu confinamento: nossa grandeza verdadeira, enterrada nos pensamentos e nas opiniões limitadas da mente. Quando isto acontece, a mente se converte numa *matrix*.

Estamos presos nessa *matrix* mental. É como uma rede na qual fomos apanhados, e imaginamos que a rede é tudo o que existe. Estamos estagnados por formas limitadoras de pensar que aprendemos na infância.

Por causa das crenças limitadoras desta *matrix* mental, é mais fácil para nós escutar alguém nos dizendo que somos apenas medíocres, normais, ou nada especiais, do que ouvir que somos capazes de atingir grandezas. Muitos de nós acreditamos que não somos tão bons quanto outras pessoas. Desde a infância, ouvimos que somos inadequados, inúteis, e até mesmo burros.

Eu certamente não escapei desta *matrix* durante minha juventude em Melbourne, na Austrália. No colégio eu era muito mais alta que a maioria das garotas de minha idade. A altura fez de mim uma excelente corredora, e eu vencia com facilidade as competições. Os instrutores chegavam a dizer para mim: "Não corra tão rápido. Você faz as outras garotas se sentirem mal." Em consequência disso, comecei a limitar parte da minha capacidade. Eu coloquei freios em mim mesma e comecei a acreditar que não tinha nascido para brilhar, mas para apenas ser "normal".

Alguns anos mais tarde, as professoras da minha escola, que era só para meninas, implicaram com meu comportamento extrovertido. Elas achavam que uma moça devia ser discreta e recatada, nunca se destacando da multidão, nunca num papel de protagonista. Eu estava tão desesperada pela aprovação delas que me tornei insegura. Com o tempo, adotei a opinião delas sobre mim mesma e concluí que alguma coisa devia estar errada comigo, já que eu não era a moça calma e passiva que elas achavam que eu deveria ser. Passei, então, a hesitar em todas as situações. Comecei a agir com pequenez.

Em vez de alçar voo, acolhendo a magnificência e a beleza da vida, muitos de nós agem com pequenez. Nós simplesmente ofuscamos nossa grandeza e incorporamos o lado pobre que internalizamos de nossas famílias, escolas, e da sociedade em geral. Como consequência, estamos todos andando num nevoeiro, tateando incessantemente em busca de paz, amor e felicidade.

Ansiamos por liberdade absoluta. Desejamos voar como o falcão. Queremos atingir todo o nosso potencial, mas, em vez disso, nos apegamos ao galho da mediocridade.

Acabamos adotando a *matrix* da mente, como se o *pensamento* que temos de nós mesmos fosse tudo o que realmente somos.

A dualidade e seus contrastes

A *matrix* da mente está sempre tentando intelectualizar e compreender. Está sempre focalizada no bem contra o mal, no certo contra o errado. Na verdade, bem, mal, certo, errado são as bases da *matrix*. Ela passa a enxergar tudo do ponto de vista da *dualidade* ou separação. E o mundo fica limitado a categorias, com tudo e todos à nossa volta recebendo um rótulo. Em alguma medida, esses rótulos nos permitem experimentar a vida humana, mas quando se tornam os únicos meios de percepção e os consideramos a verdade absoluta, perdemos a inocência que se encanta com a maravilha da existência.

Nossa percepção do universo físico é repleta de contrastes e separações. Nós vemos abundância e vemos inanição. Vemos as atrocidades da guerra e vemos a doação incondicional de visionários como Gandhi e Madre Teresa. Vemos uma gama de coisas diferentes, criando separação e desigualdade, assim como, ao mesmo tempo, tragédia e alegria. Cheio de contrastes, o mundo é uma incrível paisagem de diversidade e deslumbramento.

Ainda assim, quando percebemos esta riqueza através da *matrix* do intelecto, todas essas divisões nos fazem sentir vulneráveis, separados, pequenos. Então, criamos uma identificação tão forte com a divisão e separação das pequenas partes que perdemos de vista a beleza deslumbrante do todo. O resultado é que nos tornamos superficiais. Estamos presos ao intelecto, imersos nas limitações da mente. Estar aprisionado na *matrix* faz com que boiemos na superfície da vida em vez de mergulharmos fundo – e então deixamos de encontrar a plenitude que desejamos.

O conforto da limitação

Muito embora a percepção nebulosa que a *matrix* do intelecto concede nos torne insensíveis para a plenitude que existe em cada momento, sentimos certo conforto nos limites de suas fronteiras. É um espaço definido por todos os nossos medos e restrições, mas dentro do seu confinamento está tudo o que sabemos, tudo o que acreditamos, tudo em que viemos a confiar. Lá, nossas experiências passadas governam cada um de nossos movimentos.

Como existe um certo conforto nesse lugar que atingimos, abraçar nossa plenitude – acreditar que merecemos viver de acordo com nosso potencial máximo – é a tarefa mais difícil que existe. Mesmo quando cultivamos sonhos que gostaríamos de realizar, é difícil fazer um movimento que nos force a sair da zona de conforto. Queremos resultados, esperamos por coisas boas, aguardamos as oportunidades – mas será que estamos dispostos a abandonar aquilo a que estamos acostumados para conquistar o desejo de nosso coração?

Quem procura mudanças se permite alçar voo. Quem se sente inadequado se segura no galho. E você, o que você faz?

Se você está agarrado ao galho, o que está o impedindo de voar? O que você se recusa a deixar para trás?

Cortando o galho

Nós estamos prestes a aprender a primeira faceta do Sistema Isha, a primeira das quatro ferramentas extremamente poderosas que nos ajudarão a cortar o galho dos hábitos do passado – hábitos estes que são baseados no medo – para que possamos então descobrir nossas asas e a glória de voar.

A fim de nos beneficiarmos do poder completo destas facetas, é necessário nos comprometermos com a prática constante. Se você se matricular numa academia, mas nunca aparecer para malhar, não tem como entrar em forma. Do mesmo jeito, se não praticar as facetas, elas não funcionam. O ideal é praticar uma hora por dia, com os olhos fechados. Você pode dividir esta hora em dois blocos de trinta minutos, ou três blocos de vinte minutos. A coisa mais importante é que você pratique. Se em alguns dias for impossível dedicar uma hora inteira, um tempo menor é melhor do que nada.

Este processo trabalha em um nível muito profundo, e para a maioria das pessoas as mudanças são imediatas. Elas sentem uma paz e alegria que cresce e se aprofunda à medida que a prática avança. Todavia, para algumas pessoas, demora alguns dias ou até mesmo semanas de prática diária para começarem a perceber as mudanças. Algumas descobrem que seus amigos enxergam a transformação antes delas próprias. Mesmo se forem um pouco céticas a respeito do que está acontecendo dentro delas, elas verão os outros chegando perto e dizendo "Você está diferente hoje!" ou "Você mudou. O que está acontecendo?".

Eu recomendo que você continue a praticar as facetas regularmente pelo mínimo de quatro semanas, não importa o que aconteça enquanto esteja praticando. Pela minha experiência, quatro semanas de prática constante é o bastante para qualquer um gozar de enormes benefícios.

Outra coisa importante para ter em mente quando está aprendendo estas facetas é procurar ser inocente, aberto, e não formular preconceitos sobre a prática. A experiência destas facetas será diferente de tudo o que você já fez antes, e quanto mais receptivo você for, mais fácil será adotar esta nova perspectiva e sentir seus benefícios. Inicialmente, trabalhar com as facetas pode dar a impressão de que se trata de mais uma prática espiritual ou de autoajuda, mas dê às facetas uma oportunidade para operarem a mágica em sua vida, e você verá que são diferentes de qualquer coisa que já tenha vivenciado antes.

A primeira faceta

A perfeição pode ser encontrada em cada momento da vida. Quando estamos totalmente presentes, nada está errado; todas as imperfeições aparentes surgem quando desviamos nossa atenção para o passado ou para o futuro. A primeira faceta, portanto, nos levará à perfeição deste momento. Ao trazer nossa atenção plenamente para o presente, a primeira faceta nos leva naturalmente à experiência do amor-consciência.

Estar no presente não significa que não continuaremos a crescer. A vida está sempre evoluindo, sempre se move na direção de maiores crescimento e expansão. Não obstante, ao abraçarmos a perfeição inerente a este momento, nós naturalmente elevamos nossa vibração interna, recriando a nós mesmos em vibrações cada vez mais elevadas de amor.

Colocar nossa atenção plenamente no presente destrói uma das crenças negativas mais arraigadas da humanidade. Esta crença é a origem de nosso descontentamento. É uma falsa ideia mental que nos afasta da experiência de plenitude. É a ideia de que *há alguma coisa errada com este momento.* Lá no fundo, ainda que não estejamos conscientes disso, quase todos nós compartilhamos esta crença. Mesmo quando amamos nossas vidas, quase nenhum de nós se sente absolutamente completo e realizado.

A primeira faceta nos leva a esta completude, curando a raiz dessa crença. Quando fazemos essa mudança profunda em nosso subconsciente, nossa percepção inteira da vida se altera radicalmente. Com a prática desta faceta, você se surpreenderá com a possibilidade de algo tão simples ter tamanho impacto em sua vida.

Agora criaremos um pensamento perfeitamente harmonioso, uma verdade tão profunda que é capaz de passar por todo o condicionamento negativo do intelecto, nos ancorando na beleza do aqui e agora. O foco desse pensamento é o conceito do amor como uma força de unidade que tudo abrange. Para isso, usaremos a emoção do *louvor*, que é, simplesmente, apreciar. Quando direcionamos nossa percepção para o ato de apreciar, começamos a remover o poder das nossas velhas crenças e dos velhos hábitos baseados no medo, e a caminhar em direção do amor, ou seja, na direção do amor-consciência. Quanto mais nós escolhemos o amor, mais limpamos nossa janela, até que a luz da consciência pura brilhe através de sua superfície cristalina. Abandonamos nossa percepção de crítica e auto-hesitação, e nos libertamos para voar alto numa celebração contagiante do aqui e agora. Esse pensamento, a primeira faceta, é:

Louvor ao amor por este momento, em sua perfeição.

Veja abaixo como praticar a primeira faceta:

1. Sente-se ou deite-se confortavelmente e feche os olhos. Deixe todos os pensamentos que vêm à sua mente fluírem suavemente. Não procure interromper seus pensamentos; não tente entrar num estado de mente em branco. Simplesmente permita que o que venha a sua mente aconteça naturalmente.

2. Repita mentalmente este pensamento: *Louvor ao amor por este momento, em sua perfeição.* Pense isto sem esforço, da mesma maneira com que você abriga qualquer outro pensamento, sem procurar se concentrar ou mesmo tentar entender seu significado.

3. Ao mesmo tempo em que pensa nesta faceta, direcione sua atenção profundamente à área do coração.

4. Depois de pensar na faceta, deixe um espaço, faça uma pausa. Depois de alguns momentos, repita a faceta e novamente faça uma pausa.

5. Continue repetindo esse exercício por vinte minutos. (Você pode dar uma olhada no relógio de tempos em tempos para ver se já se completaram os vinte minutos.)

Não pense na faceta sem parar, como você faria com um mantra – é importante sempre deixar um espaço de alguns segundos entre cada repetição. Pode ser que você sinta silêncio e paz durante esta pausa, mas também é possível que venham pensamentos. Algumas vezes você pode acabar esquecendo a faceta, mudar algumas das palavras, ou se desviar do ponto de atenção. Se isso acontecer, assim que você perceber, simplesmente volte a pensar na faceta da maneira que foi explicada. Tudo isso é perfeitamente normal e natural. Apenas lembre-se quando você perceber que não está pensando na faceta, escolha pensar nela de novo.

Da mesma forma, a qualidade dos pensamentos que você tem no intervalo entre cada repetição pode variar amplamente. Você pode pensar, *Como a vida é maravilhosa! Estas facetas são incríveis! Este sistema me parece fantástico!* Ou, então, pode pensar, *Isto é uma grande perda de tempo! Por que estou me aborrecendo com isso? Como esta frase ridícula poderia ter algum efeito em minha vida?* Tudo bem, não tem problema. As facetas vão funcionar, não importa os pensamentos que você venha a ter durante a prática.

Uma das coisas que eu mais gosto sobre estas facetas é que elas funcionam automaticamente. Você não precisa acreditar nelas para usufruir de seus benefícios. Isso é o que as torna tão eficientes – porque nossos medos são habituais, precisamos de uma ferramenta que crie automaticamente uma nova experiência, mesmo que nossos pensamentos estejam resistindo a ela. O importante é que você tenha a sua própria experiência. Somente através da prática você desfrutará os benefícios das facetas. E não é porque eu estou lhe dizendo, mas porque você mesmo perceberá as mudanças no seu interior.

Tenha em mente que as facetas Isha têm uma estrutura muito específica que não deveriam ser alteradas; se você altera a estrutura, as facetas perdem sua eficácia. Não mude uma faceta para que ela se torne mais confortável para você.

Muitas pessoas têm resistência à palavra *louvor*, por exemplo. *Louvor* significa apenas apreciar, e os efeitos profundos de cada parte desta frase, incluindo *louvor*, alcançam muito além de nossas reações superficiais a ela. Cada resistência que sentimos se dissolverá à medida que continuamos a praticar.

Refiro-me à prática das facetas Isha como *unificação*. Existem duas maneiras de unificar: com os olhos abertos e com os olhos fechados. Manter os olhos fechados é a maneira mais profunda de unificar, porque o leva fundo na experiência de amor-consciência.

No entanto, você pode pensar esta faceta com os olhos abertos sempre que quiser, em qualquer situação. Para o melhor resultado, pense a faceta toda vez que você se lembrar – quando estiver escovando os dentes, malhando na academia, vendo televisão ou esperando na fila do banco. Sempre que utilizar as facetas, você estará trazendo sua atenção completamente para o momento presente e se conectando com o amor-consciência. Quando você está presente no momento, as projeções e os medos que embaçam a janela da sua percepção começam a se dissolver. Você começa a enxergar com novos olhos.

Logo descobrirá que todas as áreas da sua vida estão sendo beneficiadas pela unificação. Praticar durante o dia com os olhos abertos aumenta a clareza mental, produz uma profunda paz, e, como consequência, induz a autoconfiança. Você se tornará mais eficiente, mais relaxado e menos estressado em todas as situações, apenas pelo uso das facetas com os olhos abertos. Muitos descobriram que usar as facetas com os olhos abertos os ajuda a se concentrar enquanto estão estudando ou trabalhando – conseguem ser mais eficientes, fazendo mais em menos tempo.

Esta noite, antes de dormir, pratique a unificação por vinte minutos com os olhos fechados. Você pode fazê-lo sentado ou reclinado – escolha a posição que achar mais confortável. Você pode começar praticando uma hora por dia com os olhos fechados – em duas sessões de meia hora ou três sessões de vinte minutos. À medida que continuarmos o aprendizado do Sistema Isha, veremos como incorporar as outras facetas a este período de uma hora.

O que você pode sentir durante a unificação

Como você se sentiu enquanto praticava a unificação? Talvez tenha se sentido em paz e relaxado. Pode ser que você tenha tido muitos pensamentos ou, talvez, mal teve algum. Você pode ter se sentido alegre, triste, ou mesmo um pouco zangado. Pode ser que você tenha tido memórias da infância ou que tenha sentido a energia fluindo pelo corpo. Talvez tenha sentido a dor de antigas feridas. Talvez tenha sentido vontade de cochilar. Ou talvez não tinha sentido absolutamente nada. Muitas coisas podem acontecer quando estamos no processo de unificação, e, por enquanto, apenas saiba que elas são todas perfeitas. Não há necessidade de buscar uma experiência ou sensação específica durante a unificação – apenas aceite com braços abertos tudo o que acontecer naturalmente. As experiências e sensações a seguir são bastante comuns em pessoas iniciantes no processo de unificação.

> *Lembre-se de pensar a faceta:*
>
> ***Louvor ao amor por este momento, em sua perfeição.***
>
> (Ponto de atenção: profundo no coração)

Emoções contrárias à faceta

Enquanto praticar uma faceta, você pode muito bem sentir o oposto exato do que a faceta representa, mas isso não impedirá as mudanças que estão acontecendo profundamente no seu interior. Enquanto utilizar a primeira faceta, por exemplo, você pode se sentir ressentido ou magoado com as circunstâncias de sua vida. Não lute contra estas emoções – é importante que você não tente controlar as sensações que vierem à tona.

Aumento da sensibilidade

Outra possibilidade é que você experimente um aumento da sensibilidade durante a unificação. Você pode ficar mais sensível ao barulho, por exemplo, ou aos cheiros. Este estado de alerta maior é resultado da expansão do amor-consciência. À medida que você se torna mais consciente, fica mais atento aos aspectos sutis do mundo a sua volta. Isso também é perfeito.

Dor física

Você pode também descobrir que está sentindo dor no corpo enquanto se unifica. Seus músculos podem doer como resultado das tensões acumuladas estarem sendo liberadas. Você pode liberar sintomas de enfermidades que já sofreu ou sentir a dor de velhas feridas. Isso não significa que aquela doença ou ferida está de volta; pelo contrário, significa que seu corpo está terminando a cura, jogando fora os resquícios que permaneciam ocultos no corpo, e isto resultará numa saúde melhor e em maior bem-estar físico. Apenas mantenha o foco na unificação e lembre-se de que você está se curando. O incômodo sem dúvida o abandonará rapidamente, e você voltará a ter sensações de calma e paz.

Sede

Você pode sentir sede durante e após a prática da unificação. É importante beber muita água enquanto estiver se unificando, para ajudar a expulsar as toxinas que estão sendo liberadas. Nós exploraremos isto em profundidade mais adiante.

O primeiro passo no caminho

Muito embora eu tenha meditado por muitos anos, através da prática da primeira faceta vim a descobrir como estava realmente cega para a maravilha pura e a beleza do mundo. Quando eu morava em Melbourne, na Austrália, costumava passear com meu cachorro à beira-mar. Completamente ocupada e estressada, eu andava rápido, com a coleira em um dos pulsos, e falando ao celular que ficava preso entre a mandíbula e o ombro, discutindo freneticamente, com um cigarro aceso numa das mãos e uma xícara de café na outra.

> *Lembre-se de pensar a faceta enquanto lê:*
>
> ***Louvor ao amor por este momento, em sua perfeição.***
>
> (Ponto de atenção: profundo no coração)

Quando comecei a experimentar o amor-consciência, um dia, eu caminhava com meu cachorro sem qualquer daqueles acessórios habituais. De repente, ouvi um som repetitivo ao qual não estava acostumada. Parei e escutei. Era um som que nunca tinha escutado antes – o som das ondas batendo na areia da praia.

Foi um momento de intensa realização. Eu havia andado com meu cachorro naquele calçadão, quase todos os dias, durante cinco anos, e ainda assim eu nunca tinha ouvido o som do oceano! Eu estava tão perdida em meus pensamentos, preocupações e ansiedades que ficava completamente surda ao chamado do mar. Naquele instante especial, eu percebi que nunca havia estado antes no momento presente.

Normalmente, nossos pensamentos nos conduzem para fora, para as preocupações com o futuro e as angústias do passado. Nós estamos tão imersos no intelecto que nunca passamos tempo suficiente com nós mesmos para nos darmos conta de que tudo o que procuramos desesperadamente já está aqui.

Esta faceta é o primeiro passo no caminho para viver o momento. Quando começamos a expandir o amor-consciência, aprendemos a aceitar e abraçar o presente, em vez de tentar freneticamente mudar e controlar todas as coisas em nossa vida. Nós aprendemos a fluir na experiência da vida que está sempre mudando.

O poder da escolha

Eu sempre fui fascinada por dois funcionários municipais que cuidam dos jardins ao longo do rio em Santiago, no Chile. A história deles ilustra perfeitamente o quanto perdemos ao nos agarrarmos às ideias dos nossos intelectos, e o quanto podemos ganhar deixando ir o esbravejar da mente e nos ancorando na experiência de amor-consciência.

Um dos funcionários é uma mulher idosa. Ela é uma expressão da pura graça. Tem traços refinados e uma postura elegante. A questão *Por que ela está trabalhando aqui?* vem à mente logo que a vemos. À primeira vista, ela parece deslocada na função, mas em pouco tempo observamos que ela pertence a todos os lugares. Ela tem uma serenidade, uma paz interior que irradia por todo o jardim como a luz do sol. Ela é tão carinhosa no que faz que é como se estivesse acariciando as folhas enquanto as varre do caminho. Os atletas passam despercebidos para ela, como uma brisa: nada pode lançar uma sombra sobre o seu momento ou distraí-la de seu trabalho.

O outro jardineiro é um senhor a quem o tempo castigou de tal maneira que é impossível para ele estar presente consigo mesmo em qualquer instante. Ele se desloca agitado pelo caminho com um saco de folhas na mão, olhando toda hora para o relógio, suando profusamente e distraído em suas compulsões. E quando ele me vê, faz a mesma pergunta todas as vezes. Ele olha para mim ansioso e pergunta: "Senhora, senhora, que horas são?" Eu sempre respondo: mas ele não espera para ouvir: ele se afasta antes de ouvir minha resposta e volta a perguntar para a próxima pessoa que encontra. Ora, ele não quer a resposta – ele quer apenas estar em qualquer outro lugar, menos consigo mesmo. Perseguindo o tempo, perseguindo respostas, evitando *ser* – a tal ponto que ficou meio maluco.

A diferença entre estas duas pessoas é evidente. Uma é a pintura perfeita de uma pessoa vivendo em unidade; a outra, um retrato perfeito de alguém algemado na *matrix* da mente. Ambos estão no mesmo lugar, fazendo a mesma coisa. Todavia, não é o que estão *fazendo* que determina a felicidade deles – ao contrário, é o que eles estão *sendo*. Todas as vezes que você pensa uma faceta, está escolhendo o que quer ser. Você está escolhendo ser o amor, em vez de se identificar com a agitação interminável da mente.

Manter seus sonhos

Em primeiro lugar, viver no momento presente e, ao mesmo tempo, realizar os sonhos pode soar de alguma forma contraditório. Como poderemos focalizar em nossas metas sem nos transportarmos para o futuro? Porém, estar no momento não significa que não planejaremos nossas vidas; significa apenas que deixamos ir embora as preocupações que nos impedem de abrir nossas asas e descobrir a liberdade de voar.

Normalmente, as limitações da mente nos afastam de conquistar nossos sonhos. Mas, quando abrimos mão de nossos padrões de pensamento baseados no medo, os sonhos se tornam espontaneamente realidade. Ao remover a ideia de que há alguma coisa errada com este momento, esta faceta sacode os alicerces de nossos medos inconscientes. Então, o edifício inteiro de auto-hesitação e separação que construímos através da vida desmorona como um monte de entulho. Não ficamos mais restritos aos limites de nosso passado, e não deixamos nada que possa nos impedir de alcançar nossos sonhos.

Havia um menino cujo pai era um treinador de cavalos muito pobre. Seu pai gostava do trabalho, mas mal ganhava para prover o sustento da família. Certo dia, na escola, o menino teve que escrever uma redação sobre o que gostaria de ser quando crescesse. Naquela noite, ele escreveu muito excitado uma redação de sete páginas, descrevendo seu sonho de, um dia, ter um haras onde pudesse criar seus próprios cavalos. Ele escreveu sua história com muito empenho e atenção nos detalhes. Ele até mesmo desenhou um projeto da fazenda e da casa que sonhava possuir. Ele pôs seu coração por inteiro naquele projeto.

No dia seguinte, o menino apresentou sua redação ilustrada ao professor. Quando a recebeu de volta, sua nota tinha sido a pior possível, e o professor havia escrito no rodapé da folha: "Procure-me depois da aula."

O menino ficou esperando a sineta tocar anunciando o fim da aula e logo procurou o professor: "Por que o senhor me deu uma nota baixa?"

O professor explicou: "Porque você descreveu um futuro irreal para um garoto da sua condição. Você não tem dinheiro e sua família é pobre. Faltam a você os recursos para ter seu próprio haras. Você teria que comprar terra virgem e construir muita coisa, e, além do mais, teria o custo de manutenção. Não há como você conseguir isto. Entretanto, se você reescrever a redação com objetivos mais realistas, eu reconsiderarei a sua nota."

O menino foi para casa e refletiu por um longo tempo. Ele até mesmo perguntou ao seu pai o que deveria fazer. Seu pai respondeu: "Olha, meu filho, você mesmo é quem deve decidir. É uma decisão importante, e eu não posso tomá-la por você."

Depois de uma semana de considerações, o menino voltou com a mesma redação sem qualquer mudança, dizendo ao professor: "O senhor pode manter a minha nota baixa. Eu vou manter o meu sonho!"

Passaram-se muitos anos. Um dia, o professor, agora às vésperas da aposentadoria, levou um grupo de trinta crianças para visitar um famoso haras que continha os cavalos mais espetaculares do país. Ele ficou estupefato quando, ao encontrar o proprietário do haras, descobriu que se tratava do mesmo garoto a quem ele havia desqualificado.

Antes de deixar o lugar, o professor disse ao dono do haras: "Quando eu fui seu professor, muitos anos atrás, eu era um roubador de sonhos. Por muitos anos eu roubei os sonhos das crianças. Felizmente, você conseguiu manter os seus."

O intelecto diz: *Você nunca será dono de um haras! Onde conseguirá o dinheiro para isso? Você está perdendo seu tempo num sonho como este. Seja mais realista!*

O amor-consciência trabalha diferente. Ele vem do coração. Em vez de ficar atolado em pensamentos, ele confia. Ele confia no coração.

Quem lhe disse que você não pode realizar seus sonhos? Talvez tenha sido seu pai ou sua mãe. Ou, talvez, seu professor, como aconteceu com o menino da história.

Quando começar a praticar as facetas que estou compartilhando com você, descobrirá que as crenças restritivas que dominaram seu passado começam a desaparecer sem esforço algum de sua parte. Você estará vivendo no amor-consciência, e não mais dos pensamentos e emoções condicionados.

Você começará a viver os seus sonhos.

A porta para a abundância

Quando utilizamos a primeira faceta, estamos abraçando a plenitude do momento presente. Ironicamente, quando começamos a vivenciar essa completude interior e a não sentir mais nossos desejos anteriores, começamos a criar o que sempre quisemos em nossas vidas. Nosso entorno começa a refletir o preenchimento interno que sentimos, e tudo flui para nós em abundância – relacionamentos amorosos, riqueza material, oportunidades profissionais, melhor saúde. Cada área da vida cresce e amadurece à medida que nossa experiência de união se expande.

> *Lembre-se de pensar a faceta:*
>
> ***Louvor ao amor por este momento, em sua perfeição.***
>
> (Ponto de atenção: profundo no coração)

Amor-consciência é a experiência mais magnética no universo – ela atrai todas as coisas automaticamente, a partir de um lugar de inocência. Em vez de limitar nossos sonhos a uma ideia fixa do que precisamos para ser felizes, quando nos tornamos conscientes da unidade desabrochamos para a excitação do imprevisível, confiantes na sabedoria de que o universo nos proverá com uma mágica que excede em muito os limites de nossa imaginação. Abraçamos nossos planos e metas com uma paixão intensa, mas sem a ansiedade e a impaciência obsessiva que um dia dominou nossos desejos. Quando estamos completos dentro de nós, podemos verdadeiramente desfrutar de toda a abundância do universo, sem o medo da perda que costuma embaçar a superfície.

Focalize naquilo que você quer, e então deixe fluir. Utilize as facetas para abraçar a magia do agora, se alegrando com o que tem, e seus sonhos se tornarão realidade. Então, quando isso acontecer, eles apenas acrescentarão à sua felicidade, em vez de serem as condições das quais depende sua felicidade.

Além das análises

Na sociedade moderna, aprendemos que tudo deve ser analisado. Desde nossos pensamentos e nossas emoções até nossos atos e nossas decisões, o intelecto esquadrinha através de nossas experiências de vida com uma repetição meticulosa e, por vezes, obsessiva, ruminando incessantemente as situações que atravessamos. Porém, esta análise infindável, quando se torna um hábito compulsivo, serve apenas como uma distração, nos afastando da felicidade que está presente em cada momento. Quando você está se unificando, podem emergir pensamentos negativos ou mundanos, emoções e sensações, mas não são para serem analisados. Estas experiências são os velhos hábitos que estão sendo removidos à medida que elevamos nossa consciência. Apenas fique feliz porque eles estão indo embora e retorne para a faceta.

O intelecto gosta de dissecar a experiência humana, mas o amor-consciência é diferente – apenas testemunha, sem expectativa. Quando você está se unificando, sua experiência mudará constantemente – haverá pensamentos e haverá emoções. Permita que tudo aconteça; deixe passar e se mover como as estações do ano.

Não comece a pensar: *Por que está chovendo hoje, se estamos em pleno verão?* Está chovendo porque está, e é perfeito que esteja chovendo; não precisa estar ensolarado todos os dias. Se houver uma onda de calor no meio do inverno, é perfeito também. Apenas é. Aborde suas experiências como você faz com o tempo: abrace-as em todos os momentos; sinta-as cem por cento. Não se deixe aprisionar em *por quês*, *para quês* e *comos*. Todos os dias serão diferentes. Abrace as mudanças e diga: *Eu me sinto triste nesse instante. Está tudo bem*. Ou então: *Estou tão feliz agora. Que maravilha!* O que acontecer naturalmente é perfeito.

A mente tentará sempre analisar, entender e avaliar cada situação, porque ela necessita desesperadamente se manter ocupada. *Estou utilizando as facetas corretamente? Estou deixando os pensamentos me afetarem demais? Não acho que esteja fazendo progressos como devia... Oh, não, eu não estou crescendo nem um pouco espiritualmente! Todos estão evoluindo mais rápido que eu! Olha como eles todos já avançaram!* Estes são apenas artifícios da mente. Não se deixe enredar por pensamentos desse tipo. Se der corda para eles, vão se tornar um apego. Se você apenas os observa passar, sem levá-los a sério, eles não lhe causarão sofrimento algum.

Nós somos apegados demais aos pensamentos. Pensamos mesmo que *somos* nossos pensamentos, mas isso é um engano. Achamos que nossos pensamentos são reais, mas se você os observa, verá como eles são contraditórios.

Nossos pensamentos mudam constantemente. A mente dança sem parar de um extremo a outro, ficando de um lado, depois do outro, e, logo, em ambos os lados da questão. Não há estabilidade alguma em nossos pensamentos. A liberdade chega quando você aprende a apenas observar eles passarem.

Estamos sempre crescendo; estamos sempre andando para a frente. Possa você enxergar isso ou não, mesmo se achar que está pior do que jamais esteve na vida, quando você usa as facetas sempre estará indo na direção de uma consciência mais expandida. Algumas vezes, circunstâncias ou hábitos na sua vida parecerão estar piores, mas é apenas o universo abrindo seus olhos para um lugar onde você poderá lançar fora seus apegos e se tornar mais inteiro e livre.

Quando sua experiência interior começa a se expandir, você começa a enxergar a si mesmo e suas crenças limitadas mais claramente. Você começará a dizer: *Uau! Eu caio naquela armadilha toda hora!* Mas não se trata de tentar calcular ou compreender. Se tiver que entender alguma coisa, ela se tornará muito clara diante dos seus olhos. A chave é apenas sentir e ser inocente. Não analise – o meio mais seguro de retardar o processo é intelectualizar tudo.

Um filósofo esteve ponderando a existência de Deus por muitos anos, tentando entender o divino. Ele viajou pelo mundo, discutindo a fundo com teólogos, padres, pastores e rabinos – com qualquer um que ele achasse que teria um entendimento claro do Todo-Poderoso. Um dia, ele estava caminhando na praia, perdido em divagações, tentando compreender Deus em toda a sua complexidade. Ele cruzou com um menininho cavando um buraco na areia. O garoto atraiu sua curiosidade – o filósofo tentou descobrir por que o menino estava cavando um buraco tão profundo. O garoto cavou, cavou, e cavou, até ter feito um grande fosso. Então, ele correu para o mar, pegou um pouco de água com as mãos em concha e voltou correndo para derramá-la no buraco que havia cavado.

Perplexo, o filósofo interveio. Ele se aproximou do menino e perguntou: "Por que você está tirando esses bocados de água do oceano e lançando no buraco?"

"Eu estou fazendo a mesma coisa que você", o menino replicou. "Estou tentando fazer o oceano entrar num buraco, da mesma forma que você está tentando fazer Deus entrar na sua cabeça!"

Isto é o que tentamos fazer: nós tentamos pegar a unidade e entendê-la nas dimensões da dualidade, mas é impossível. Quanto mais depressa você descartar a necessidade de compreender e se abrir para receber sua verdadeira essência, mais depressa encontrará as respostas, porque elas virão de seu coração, elas virão de sua própria natureza, elas virão de dentro.

Vivendo no coração

O coração enxerga além das comparações e dos julgamentos da mente. Ele é capaz de abraçar todas as coisas em sua perfeição, exatamente como elas são. Tamanho nível de aceitação é difícil para o intelecto alcançar, porque transcende o pensamento lógico.

Perceber a partir do amor-consciência é o oposto de perceber a partir do intelecto. O intelecto percebe dualidade, enquanto o amor percebe unidade. O intelecto percebe o bem e o mal, o certo e o errado, enquanto o amor acolhe e abraça todas as coisas.

Eu quero falar sobre perfeição por um momento. Nós sustentamos uma visão idealizada do que é a perfeição, como se ela fosse alguma coisa distante e inalcançável, um ideal de santidade atingido apenas por uns poucos escolhidos. Isto faz da perfeição uma meta próxima ao inatingível, que, para se alcançar, requer um esforço supremo, mas perfeição não é nada disso.

Perfeição é amor incondicional. Ela envolve dar sem estar preso a restrições, viver sem julgamento, e perceber beleza em tudo. Nada tem a ver com ideais moralistas.

Para sermos perfeitos, tudo que é requerido é nos aceitarmos *neste momento*. Não existem precondições para nos sentirmos plenamente aceitos – nós nos abraçamos como somos. *Louvor ao amor por este momento, em sua perfeição.*

Cada vez que pensa esta faceta, você está escolhendo unidade, liberdade, amor. Pense a faceta cada vez que se lembrar. Logo, você descobrirá que sempre é muito mais produtivo pensar uma faceta do que ceder aos incontáveis pensamentos contraditórios que insistem em atrair sua atenção. Vamos pensar novamente agora:

Louvor ao amor por este momento, em sua perfeição.

Lembre-se de delicadamente colocar a atenção de maneira profunda em seu coração quando estiver pensando na frase. Não se esqueça de pensar a faceta enquanto estiver lendo este livro, e em todos os momentos do seu dia em que for possível. Este ensinamento não trata de entendimento intelectual; é para experimentar unidade. É através da prática que nós fazemos disto uma experiência permanente.

Descobrindo a perfeição

Como nós percebemos o mundo a nossa volta reflete nosso ser interior, o externo espelha o interno. Por exemplo, quando você se sente cheio de amor, seu mundo reflete esse amor. Seu companheiro, seus amigos e suas atividades espelham o amor. Todavia, se você se sente vazio por dentro, nada do lado de fora é capaz de lhe satisfazer.

A perfeição fala de enxergar com os olhos do coração – enxergar com um amor envolvente e incondicional, não importando como são as circunstâncias externas de sua vida. Quando as pessoas enxergam dessa forma, a vida inteira se transforma numa experiência bonita. Isto é porque a plenitude, a paz, a felicidade e o amor não têm nada a ver com as circunstâncias exteriores. Eles são estados internos, para serem vivenciados, e não metas a serem alcançadas.

O Conselho Municipal de Montevidéu, no Uruguai, tomou ciência do Sistema Isha e me convidou para implantá-lo num programa comunitário que assiste 300 pessoas deficientes. O trabalho obteve apoio oficial e também de uma empresa de ônibus para trazer os portadores de deficiência de todas as partes do país. Eles chegaram em cadeiras de rodas, alguns com síndrome de Down, outros com autismo, muitos cegos e surdos. Foi uma honra poder compartilhar o Sistema Isha com esse grupo de seres humanos, porque eles se sentiram muito valorizados por serem escolhidos para participar daquele evento.

Lembre-se de pensar a faceta:

Louvor ao amor por este momento, em sua perfeição.

(Ponto de atenção: profundo no coração)

Uma das participantes nasceu sem os braços e as pernas. Para a maioria de nós, isto seria uma tremenda desvantagem na vida. Mas aquela mulher se sentia limitada por sua deficiência? Não. Quando a conheci, ela havia acabado de colar grau em Direito e estava entusiasmada por estar começando a carreira de advogada.

A paixão e a presença alegre desta mulher me tocaram profundamente. Ela irradiava uma felicidade que eu não havia visto em muitas pessoas. Claramente, ela conhecia uma liberdade que é de rara estirpe neste mundo. O coração dela estava focado na beleza de cada momento, e ela extraía grande prazer de sua criatividade. Eu estava tão mobilizada com a sua capacidade de ser presente que perguntei a ela: "Você sabe que é perfeita exatamente como você é?"

Ela me fitou com um sorriso largo, capaz de contagiar todo o auditório, e respondeu: "Sim, Isha, eu sei que sou perfeita exatamente como eu sou." As lágrimas encheram meus olhos.

Pode parecer estranho que alguém com o que nós consideramos uma grave deficiência possa ver perfeição nela mesma, mas eu descobri que, quando enxergamos a vida através das lentes do amor-consciência, há perfeição em tudo. Conviver com pessoas que estavam vivenciando esta perfeição, apesar de parecerem em desvantagem, foi uma experiência inspiradora. Ficou tão claro para mim que não havia nada de errado com nenhuma delas! No que a maioria das pessoas classificaria como imperfeição contundente, havia, de fato, uma perfeição maravilhosa.

Aquilo que focalizamos cresce. Quando colocamos nosso foco no amor, nos tornamos mais amorosos. Quando colocamos nosso foco no medo, nos tornamos mais medrosos. Da mesma forma, se focamos em nossas limitações, nos tornamos mais limitados, e quando percebemos as coisas como de alguma forma "erradas", elas nunca aparentarão estar certas.

Louvor ao amor por este momento, em sua perfeição nos convida a enxergar a realidade mais profundamente do que algum dia nós imaginamos. Esta faceta nos convida a enxergar pela perspectiva da unidade, na qual nada existe além do amor. Ela nos estimula a permitir que este amor flua por todas as áreas de nossa vida.

Simplesmente pela prática desta faceta, o amor começa a se manifestar, sem termos que fazer nada. O amor é *quem nós somos*, e a faceta simplesmente o abre.

Capítulo 2

A segunda faceta

Aceitar a realidade, sem julgamento

Um rapaz carregando uma mala pesada entrou pelos portões de uma cidade. Sentado junto a uma rocha próxima estava um velho homem fumando cachimbo. "Como são as pessoas nesta cidade?", perguntou o jovem.

"Como eram as pessoas na cidade de onde você está vindo?", o idoso replicou.

"Eram todas muito desagradáveis – ladrões inescrupulosos, amargos e ingratos. Elas estavam sempre brigando entre si e tentando levar vantagem umas sobre as outras. Fofoca e ressentimento eram as coisas mais comuns por lá. Esta é a razão por que eu estou perguntando antes de entrar, como são as pessoas daqui?"

O velho o fitou e disse: "Eu temo que por aqui você não encontre muita diferença. As pessoas daqui são exatamente como as da cidade de onde veio."

"Neste caso, eu acho que seguirei viagem até a próxima cidade", replicou o rapaz e voltou para a estrada.

"Adeus!", disse o velho homem e voltou a acender seu cachimbo.

Pouco depois, outro rapaz entrou pelos portões. "Como são as pessoas nesta cidade?", ele perguntou.

"Como eram as pessoas da cidade onde você morava?", o velho replicou.

"Meu povo era muito agradável. Todos estavam sempre dispostos a ajudar uns aos outros, e amor e compaixão eram as coisas mais comuns por lá. Sempre se podia encontrar um amigo que estava disposto a escutar os nossos problemas. Eu fiquei triste de ter que sair de lá. Mas como são as pessoas nesta cidade?"

"Aqui você não encontrará muita diferença. As pessoas desta cidade são iguais às da sua cidade. Seja bem-vindo!" E o rapaz ficou na cidade.

Buscando fora de nós

Como adultos, a rigidez baseada no medo, que substituiu nossa inocência inata, nos aprisiona no papel de vítima. Como o primeiro rapaz da história acima, não queremos nos responsabilizar por nossa infelicidade. É tão mais fácil culpar o mundo à nossa volta. É mais fácil culpar os políticos, nossos pais, a Igreja, a poluição, nossos chefes, e daí por diante. É tão mais fácil colocar a culpa fora, e é isso que temos feito durante toda nossa vida.

Nós podemos apoiar um partido político diferente, podemos nos converter a uma nova fé, podemos mudar para uma nova cidade, podemos alterar as circunstâncias de nossa vida *ad infinitum*, mas, na verdade, isso nunca mudará nada. O exterior é apenas um espelho de nosso descontentamento.

Porque somos atormentados pela ansiedade – muitos de nós quase no nível do pânico –, estamos sempre em busca de alívio. Nós desejamos qualquer coisa que possa pôr um fim nas aflições implacáveis de nossos pensamentos. Alguns, buscando amor do lado de fora, procuram alívio sexualmente tendo relações banais com uma multidão de pessoas. Outros o fazem ingerindo grande quantidade de bebida alcoólica, tomando drogas ou comendo em excesso. Talvez trabalhar compulsivamente, tentar alcançar metas, perseguir a cenoura ilusória do sucesso seja sua forma de alívio. Ou talvez você frequente o shopping como um escape, seja uma viciada em televisão ou viva colada na internet.

Eu não estou insinuando que há alguma coisa errada com estas atividades, mas afirmando que nenhuma delas realmente nos preenche, e que nenhuma delas jamais nos preencherá. Plenitude, paz, alegria e amor não procedem do meio externo. A única coisa que pode satisfazer o coração humano é o amor-consciência, e nós o temos abandonado. Quando estamos firmados nesta experiência, automaticamente encontramos plenitude. Descobrimos uma paz interior e uma felicidade que nunca muda e está sempre presente, sempre nos chamando para casa.

Enquanto não abraçamos o amor-consciência, somos totalmente inconscientes da vida, incapazes de enxergar os limites de nossos minúsculos compartimentos intelectuais – achamos que eles são quem nós somos. Mesmo quando nos mudamos para outro ambiente, levamos nosso mundinho conosco, e nada se altera realmente.

A perda da inocência

Você alguma vez já viu crianças construindo castelos de areia na praia? É gostoso de assistir como elas ficam totalmente absortas no que estão fazendo. Elas correm para lá e para cá, enchendo baldes de areia e construindo um castelo cada vez mais alto. Quando o castelo finalmente atinge toda sua magnitude, as crianças, animadas, esperam pela maré que chega e coloca tudo abaixo. Então, elas começam de novo, cheias de alegria, a construir outro castelo.

Você acha que antes de começarem a levantar o castelo elas pensam, *Ah, não, nós não devemos construir aqui – a onda vai vir e destruir tudo!* Claro que não pensam desse modo. Quando a onda vem, sentem angústia? Não. Elas vibram com a cena e logo partem para o próximo projeto, um momento novo, pois as crianças intuitivamente acolhem a criação e a destruição como partes naturais da vida.

Nós fomos crianças um dia. Nós todos acolhemos a maré inesperada chegando e aceitamos a destruição do que era antes parte natural da vida, permanecendo abertos para a mágica desconhecida que nos aguardava do outro lado da esquina. Como adultos, ao contrário, muitos de nós desejam preservar as muralhas de seus castelos de areia a todo custo, numa tentativa vã de proteger as conquistas e posses da imprevisibilidade do mundo. Mas não importa o quanto as muralhas sejam rígidas; as ondas do mar da vida virão um dia, e farão tudo desaparecer.

A perda da inocência é uma das grandes tragédias da humanidade.

Pense a faceta.

Como adultos, nossa percepção do mundo é tão influenciada pelos sofrimentos que experimentamos no passado que não somos mais capazes de ver as coisas com frescor, nem de abraçar a beleza do momento presente. Esta perda da inocência suga permanentemente a magia de nossa experiência diária de vida. Nós nos percebemos como pessoas frágeis, vulneráveis. Percebemos nossa humanidade como cheia de falhas e fraquezas, e tentamos encerrar nossa aparente fragilidade dentro de uma falsa ilusão de controle.

Durante a infância mais tenra, começamos a incorporar os medos e as repressões daqueles que estão a nossa volta. Nós nos tornamos limitados, carentes e dependentes do meio externo para receber aprovação e apoio. Observamos nossos pais, nossos avós e todos ao redor, e aprendemos os códigos de manipulação que devemos usar para conseguir o que queremos. Aprendemos quais as emoções mais oportunas, e aprendemos quais respostas iremos receber quando expressarmos aquelas emoções. Em resumo, aprendemos o que funciona e o que não funciona para conseguir o que desejamos.

Quando ficamos mais velhos, levamos estes comportamentos para a sala de aula e os utilizamos com os nossos colegas. Aprendemos quando mentir e quando falar a verdade. Aprendemos o que esconder, o que dizer, o que é conveniente, o que é educado, o que deveríamos gostar, em quem deveríamos votar... em resumo, aprendemos como agradar nosso meio ambiente mais chegado para conseguir o que queremos.

Ou então vamos para o outro extremo. Desenvolvemos temperamento raivoso, tingimos o cabelo de roxo e nos tornamos rebeldes. Se nossos pais são conservadores, nos tornamos liberais. Levamos para nossa casa os namorados e namoradas mais bizarros que pudermos encontrar, aqueles que temos certeza de que não agradarão nossa família, e abraçamos qualquer coisa que possa chocar, sendo do contra em todas as áreas da vida, com o intuito de receber atenção.

Assim sendo, há normalmente dois tipos de pessoas: a conformista, ou 'boa' garota ou 'bom' rapaz, e o/a rebelde, ou criança selvagem. Mas não importa a identidade que adotarmos, estamos todos gritando por amor e implorando pela aceitação do mundo exterior.

Encontrando a plenitude além do material

Era uma vez um pobre homem que costumava orar a Deus pedindo um tesouro que o tornasse rico. Uma noite, durante o sonho, ele escutou uma voz que dizia: "Amanhã um monge passará por sua casa pedindo comida. Ele tem o tesouro que você procura. Peça a ele!"

No dia seguinte, um monge bateu em sua porta e pediu alguma coisa para comer. O homem se lembrou do sonho e disse: "Durante a noite, uma voz estranhamente familiar me falou em sonho. Ela me revelou que um monge estaria passando pela cidade ao meio-dia e que ele carregava o tesouro que eu desejo por tanto tempo. A voz me disse para pedi-lo a você, então, dê-me o tesouro que fará de mim um homem rico!"

O monge pescou dentro do seu hábito e trouxe à tona um diamante cheio de brilho, o maior desta terra. Ele disse: "É deste tesouro que você está falando? Eu achei isto na floresta. Aqui está, tome-o." O homem avançou para a pedra preciosa e a agarrou com alegria, agradecendo ao monge que, depois de se alimentar, prosseguiu seu caminho.

Naquela noite, o homem não conseguiu dormir com medo de perder seu tesouro. Esta casa não é segura: qualquer um pode invadir e roubar meu tesouro, ele pensou. Eu não posso reforçar a tranca, porque não tenho dinheiro. Talvez eu deva vender o diamante, mas nesta pobre vila, quem terá dinheiro para comprá-lo? Se eu viajar para vendê-lo na grande cidade, posso ser assaltado.

Na manhã seguinte, quando acordou, ele tomou o diamante e apressadamente pegou a estrada por onde o monge havia seguido. Depois de correr por horas, ele finalmente encontrou o monge sentado calmamente debaixo de uma árvore, contemplando a natureza com uma expressão de perfeita paz.

"Eu vim para lhe devolver o diamante", arquejou o homem. "Descobri que esse não é o tesouro que eu procuro. O que eu preciso de verdade é do diamante que você tem dentro que lhe permite abrir mão, sem nenhum sofrimento, de joia tão valiosa."

O homem nesta história viu no monge alguma coisa mais valiosa que um diamante. Ele viu desapego e plenitude interior. Quando experimentamos a realização interior, deixamos ir embora nossas ideias sobre o que necessitamos para sermos felizes. Quando paramos de acreditar nos modelos do intelecto sobre como as coisas deveriam parecer, redescobrimos a mágica do desconhecido. Então, nos encontramos em pé num quarto sem paredes, com nossos corações abertos para receber a abundância do universo. Finalmente, obtemos o maior de todos os tesouros: a libertação do medo e a inocência para enxergar a perfeição em todas as coisas.

Abraçar a experiência humana

Como adultos, passamos a maior parte do tempo julgando e avaliando o que está errado em nosso mundo, em nossas circunstâncias. Temos ideias fechadas sobre como as pessoas têm de se comportar, e como *nós* temos de nos comportar – tantas regras e padrões que passamos a maior parte do tempo lutando para tentar funcionar dentro de nossa experiência social. Estamos sempre comparando e classificando tudo e todos à nossa volta, sempre tentando encaixar a nós mesmos numa maneira "ideal" de ser.

Aprendemos a identificar nossa experiência humana como a grande culpada, como a fonte de nosso descontentamento. Acreditamos piamente que há algo errado com ela.

Aprendemos a julgar nossos pensamentos, sentimentos e emoções. Aprendemos a julgar nossos colegas e amigos, nossos pais e filhos, nossos líderes políticos e religiosos. Nossa situação financeira, o estado do meio ambiente, alguns grupos étnicos, nossas preferências sexuais – há tantos aspectos da experiência humana que aprendemos a julgar que seria mais rápido listar os que não julgamos.

E não podemos esquecer dos julgamentos que fazemos de nossos corpos. A sociedade moderna tem uma obsessão galopante por juventude e beleza física. À medida que lutamos com a balança, as rugas, os cabelos brancos, estamos lutando contra a ilusão do tempo.

A segunda faceta nos ajuda a ultrapassar estes julgamentos e limitações do intelecto, para abraçar o mundo ao nosso redor com inocência e alegre aceitação.

Na perspectiva do amor-consciência, não há nada errado. O momento presente vibra em unidade – não há dualidade quando estamos ancorados no aqui e agora. Quando experimentamos o amor-consciência, descobrimos que tudo é perfeito exatamente como é.

Não se engane: isso não significa que não deveríamos querer melhorar nossa situação e crescer como pessoas. Evolução é a natureza da vida, e tudo está sempre indo adiante; mas se nós escolhermos abraçar a beleza do que está acontecendo agora mesmo, em vez de focalizar no que imaginamos estar errado, o amor germina no lugar do medo. Ao fazer isso, incrementamos cada vez mais nosso poder de fazer mudanças positivas em nossas vidas. Quando nos movemos, sempre mais profundamente, na direção do amor-consciência, nossas circunstâncias externas se tornam mais plenas e enriquecedoras.

A segunda faceta

Na segunda faceta, nós utilizamos o sentimento de gratidão, que emerge como um derivado natural de aumentar a nossa capacidade de louvar.

Graças ao amor por minha experiência humana, em sua perfeição.

Quando estiver pensando a última parte da frase, *em sua perfeição*, delicadamente direcione a atenção, no fundo do coração. Vamos pensar a segunda faceta, sem nos concentrar ou forçar em direção alguma, enquanto prosseguimos.

Por favor, não confunda esta frase com passividade. Abraçar as coisas como elas são não é ser passivo de modo algum. Nós estamos simplesmente escolhendo focalizar no amor neste momento, abraçando a vida neste momento. Estamos fazendo alguma coisa diferente, mudando nossa atitude interior, para focalizar no amor. Então, nosso entorno refletirá este amor de volta para nós.

Eis como praticar a segunda faceta:

1. Sente-se confortavelmente e feche os olhos. Permita qualquer pensamento que vier à mente passar. Lembre que é perfeito qualquer pensamento que vier naturalmente.
2. Pense a segunda faceta: *Graças ao amor por minha experiência humana, em sua perfeição.* Pense sem qualquer esforço, da mesma maneira com que você lida com qualquer outro pensamento.
3. Quando pensar a última parte da frase, *em sua perfeição*, coloque sua atenção no fundo do coração.
4. Depois de pensar a faceta, faça uma pausa. Após alguns momentos, repita o pensamento e novamente faça uma pausa.
5. Continue desta forma por cerca de vinte minutos. Você pode dar uma olhada no relógio para verificar o tempo.

Como você se sentiu enquanto praticava a faceta? Talvez sua experiência tenha sido mais profunda do que com a primeira faceta, ou talvez tenha sido mais superficial. Independentemente do que sentimos quando estamos nos unificando, estamos nos curando, então é melhor unificar sem expectativas de qualquer tipo.

Deste ponto para a frente, você pode pensar tanto a primeira quanto a segunda faceta com os olhos abertos, na ordem que elas brotarem naturalmente. Se uma faceta vier mais vezes do que a outra, está bem. Quando você se unifica com os olhos fechados, entretanto, procure dividir o tempo entre as duas facetas – os primeiros quinze minutos com a primeira faceta e os quinze minutos finais com a segunda faceta.

Apaixonado pela vida

A maioria de nós sonha com um mundo ideal. Queremos uma vida livre de dores. Queremos que as nações estejam em paz. Queremos extinguir a fome. Queremos abolir o preconceito racial, a discriminação de gênero e a pobreza. O chamado mundo perfeito é o ideal para a maioria dos humanos.

Nós criaremos este mundo, mas não através da mente.

À medida que elevamos o amor-consciência, as separações que percebemos no mundo se dissipam. Nós focalizamos, cada vez mais, na unidade inerente em todas as coisas. Abraçamos a perfeição deste momento. Nos apaixonamos pela vida. No despertar da aceitação plena vêm todas as transformações que são necessárias, porque só o amor pode dar à luz nossos sonhos.

Quando acolho cada aspecto de mim mesma, os julgamentos que fiz sobre mim se dissolvem. E quanto mais estou em casa comigo mesma, mais fico em casa no mundo. Meu mundo exterior se torna um espelho de como percebo a mim mesma. Paro de reparar em todas as suas divisões, separações e inadequações. Em vez disso, vejo a sua glória. Eu não vejo mais o bem e o mal, o certo e o errado, mas vejo tudo como é feito para ser.

Eu vivi algo em Santiago do Chile que demonstra como nossa percepção muda através da experiência do amor-consciência. Eu estava caminhando numa rua movimentada, procurando por um engraxate. Numa esquina onde ventava, encontrei um. Ao me aproximar, fiquei espantada ao reconhecer um aluno meu. Conversando com ele enquanto engraxava meus sapatos, fiquei sabendo que aquele rapaz havia economizado cada centavo de seu ofício nas ruas para aprender o Sistema Isha.

Conversamos sobre como as facetas estavam mudando a vida dele. Ele contou como se tornara imensamente feliz, à medida que as praticava.

Este rapaz tinha uma mão deformada, que costumava manter escondida, mas agora ele me mostrava a mão com orgulho. "Eu costumava esconder minha mão e trabalhar com apenas uma", ele disse, "mas desde que aprendi o Sistema, comecei a gostar desta mão. Agora eu a exibo sem problemas e até mesmo a uso para dar brilho nos sapatos! Graças ao Sistema, agora eu posso trabalhar com as duas mãos."

"E isso não é tudo", ele prosseguiu, com excitação nos olhos. "Algo ainda melhor aconteceu. Eu andava na minha bicicleta e um ônibus trombou em mim!" Desta vez ele me balançou. Eu imaginei como alguém poderia estar tão animado por ser atropelado por um ônibus.

"Quando o ônibus me atingiu", ele continuou, entusiasmadamente, "eu fui de cara no chão e minha cabeça se abriu. Escorreu muito sangue. Normalmente, eu desmaiaria, porque tenho medo de sangue, mas eu comecei a me unificar, e não desmaiei!"

Esta alma amorosa havia descoberto uma aceitação desconcertante de si mesma e das coisas que acontecem com ela. Eu fui tocada pela beleza, inocência e positividade de sua percepção renovada.

Destruindo a ilusão da separação

Neste mundo de dualidade, nós todos nos sentimos diferentes uns dos outros. Encontramos milhares de pessoas, de inúmeras raças, com diferentes condições físicas, de idades distintas, religiões contrastantes, posições políticas, filosofias, convicções e ideais conflitantes. A diversidade complexa do mundo em que vivemos é aparentemente interminável – desde nossos padrões intelectuais até o tamanho de nossas contas bancárias, de nossas aparências físicas até nossas tradições culturais. Percebemos separação em todos os lugares, num mundo de contrastes e variedades extremas, num mundo de possibilidades indizíveis.

No bojo desta experiência de separação, buscamos a união incessantemente. Lutamos para curar o planeta, criamos programas para resolver conflitos, marchamos pela paz, tentamos desesperadamente levar a humanidade a enxergar além de suas diferenças e viver em harmonia.

Fazemos isso também em nossas vidas pessoais, colocando toda a energia em tentar produzir equilíbrio em nosso entorno. Buscamos o parceiro perfeito, mas quando pensamos ter finalmente encontrado a alma gêmea, tentamos mudá-lo e controlá-lo até que se encaixe em nosso ideal. Procuramos grupos de pessoas que nos façam sentir aceitas ao apoiarem nossas convicções, opiniões e crenças. Frequentamos igrejas, partidos políticos, grupos de ajuda mútua e corporações na busca pela cura da separação em nossos ambientes, e para conseguir encontrar o lugar a que pertencemos.

Mas nessa busca estamos tentando em vão acomodar as crenças e opiniões do intelecto. Quando alguém discorda de como nós entendemos o mundo, evitamos a ele ou ela. Tentamos nos cercar de pessoas que confirmem nossas convicções, que apoiem nossos pontos de vista, por mais negativos ou fundamentados no medo que eles possam ser. Como borboletas, planamos de uma experiência para outra, nossas mentes nunca estão totalmente satisfeitas, numa busca infindável para encontrar o que se parece com um lar.

A mente nunca se sentirá satisfeita. Não importa o que aconteça, ela estará em desacordo. Mesmo dentro de grupos que parecem estar unidos, há divisão – as religiões se subdividem em facções incontáveis; os partidos políticos discordam entre si; times de futebol brigam sobre táticas; e até mesmo os Beatles se separaram. Para onde quer que olhemos, há separação, divergência, dualidade.

Lembre-se de pensar a faceta enquanto dirige.

Então, continuamos em nossa busca, rejeitando os outros grupos como sendo errados. Ou nos fanatizamos em torno de um ponto da organização ou da religião que elegemos, em nossa necessidade desesperada de convencer a nós mesmos e ao mundo de que estamos certos. Na busca por união, estamos criando mais separação, na medida em que nossos preconceitos e opiniões nos distanciam mais do resto da humanidade, em vez de nos aproximar em amor.

A ironia é que todos somos exatamente iguais. É apenas nossa percepção que difere. Não importa aonde você vá no mundo, todos estão buscando amor. Pode ser a guerrilha nas selvas colombianas torturando alguém, ou um missionário cristão pregando na Índia e ajudando os pobres – estamos todos em busca do amor. Estamos todos querendo voltar para casa.

Quer estejamos no Palácio de Buckingham fazendo o papel de princesa, ou sejamos um viciado em crack no Harlem apontando uma faca para o pescoço de alguém, todos sofremos nosso próprio abandono. Todos nós abusamos de nós mesmos, e nos percebemos como indignos de amor, com uma multidão de máscaras cobrindo as coisas que consideramos pecado.

Todos estão representando seu papel na grande ópera que chamamos de vida como atores num palco – cada um com seu personagem para representar. Alguns são cavaleiros em armaduras reluzentes, outros são vilões misteriosos, mas a verdade – nossa essência, nossa grandeza – é infinitamente o amor. Cada um, em todos os lugares, pode fazer essa escolha.

O amor-consciência é inspirado pelo coração das pessoas. Ele expressa grandeza, sem levar em consideração as opiniões dos indivíduos. O amor-consciência é tocado pela paixão dos visionários, com caminhos de vida totalmente diferentes e, por vezes, antagônicos. Eles podem vir de partidos políticos em conflito. Eles podem ter sistemas de crença totalmente incompatíveis. Não é sua política ou seus pontos de vista o que se admira – é a verdade de seus corações.

É disso que se trata a vida, de sermos fiéis a nossos corações. Não é sobre estar certo ou errado. Se você escolher votar na esquerda, o pessoal da direita vai achar que isso é um erro. Se votar na direita, a esquerda vai dizer que você está errado. Se não votar em ninguém, ambos dirão que cometeu um erro! Sempre haverá alguns que concordam com você e muitos que discordam.

Os cristãos reputam Jesus como grande, mas há milhões que não pensam assim. Isto quer dizer que ele não é grande, porque muitos discordam? Não – ele foi grande. Ele encarnou a consciência pura; ele ensinou tolerância e amor incondicional. Muitos, porém, tomaram seus ensinamentos e usaram para se separar dos outros. O que Jesus pensaria disso?

Paz no mundo através da unidade no amor

O conceito de paz mundial, a visão de um mundo unido em amor, está além do intelecto. Sua natureza básica está além de todos os sistemas de crença, porque sistemas de crença são baseados em diferença de opinião. A iniciativa pela paz no mundo, dessa forma, deve ser baseada em algo muito maior, alguma coisa muito mais importante, alguma coisa permanente; deve ser baseada no amor incondicional. Amor incondicional é a única coisa que todos nós temos em comum; é a única coisa que nos une. Quando nos ancoramos no amor incondicional, o poder do intelecto – sua separação e ideias – se torna um eco distante. Nossas diferenças deixam de ser importantes. Elas são apenas fios de diferentes matizes, acrescentando cor à rica tapeçaria da vida. Unidos no amor-consciência, nós nos misturamos como um, retornando à experiência do amor puro e incondicional em tudo – mesmo se movendo nos contrastes da dualidade e na ilusão da separação.

Quando nossos julgamentos saem de cena, percebemos beleza na própria dualidade. Não estamos mais tentando mudar o mundo freneticamente. Por ironia, quando isto acontece, as coisas que considerávamos más – violência, estupro, fome, pobreza, crueldade e daí por diante – começam a se dissipar naturalmente; quando a consciência se eleva, coisas como estas, que vibram numa frequência baixa, começam a desaparecer de nossa experiência humana e do mundo a nossa volta. Quando as pessoas estão completas dentro de si mesmas, elas param de precisar proteger, controlar ou dominar, porque a natureza do amor, a natureza do amor-consciência, é dar para cada aspecto de si mesmo. O amor se percebe a si mesmo em tudo. Ele não percebe escassez ou falta; no amor, nasce uma nova percepção, uma nova visão da vida.

Era uma vez um jovem crocodilo. Ele estava deitado em cima de um tronco, no meio de um rio, tomando sol. Tinha uma expressão muito séria – é um negócio muito intenso ser um crocodilo! Crocodilos têm uma longa trajetória – como predadores carnívoros, assassinos a sangue-frio e descendentes diretos dos dinossauros. Este crocodilo estava ponderando sua grande responsabilidade quando, de repente, uma linda borboleta vermelha pousou em seu nariz.

A princípio, ele ficou indignado. Como ela não poderia ver que ele estava envolvido em sérios pensamentos, contemplando assuntos profundos? Mas ela parecia distraída, e cada vez que ele respirava, ela flutuava no ar e depois voltava lentamente, acariciando seu nariz com as asas aveludadas. Então, ele respirou de novo, e ela delicadamente flutuou, e da mesma maneira voltou.

Isto se tornou uma meditação para o crocodilo, e a energia mudou completamente. Ele estava hipnotizado pela beleza e delicadeza da borboleta, e a energia de amor começou a crescer entre eles. Uma felicidade se espalhou pelo seu ser. Ele não era mais um crocodilo, e ela não mais uma borboleta. Eles eram um único ser, unidos pelo amor.

Quando a humanidade colocar de lado suas diferenças e voltar à perfeição da unidade, nós experimentaremos harmonia e paz neste planeta. Mas, primeiro, devemos começar por nossos corações.

O mundo ideal encontra-se no nosso interior. Não há nada para se mudar do lado de fora – precisamos apenas curar a nós mesmos.

Visão verdadeira

Inventamos o sentimento de vítima em muitas áreas de nossas vidas. Talvez nossa cor de pele pareça estar trabalhando contra nós, ou nosso gênero, ou nosso credo. Ou talvez sejam simplesmente preferências pessoais que nos fazem sair da multidão, e nos sentimos perseguidos ou atropelados de alguma maneira.

Os padrões da sociedade mudam dependendo de onde nascemos. Em algumas sociedades, as oportunidades que surgem para as pessoas parecem sem limites. Em outras, parece haver todo tipo de restrição. Nossos sistemas políticos e religiosos podem aparentemente colocar grandes barreiras para que não nos tornemos quem desejamos ser. Mas a grandeza verdadeira que flui do amor-consciência nunca é impedida pelas circunstâncias externas. Ele não tem limites e afasta todas as barreiras para alcançar o que deseja.

Pude constatar isso quando conheci um grupo de deficientes visuais que veio aprender o Sistema Isha. A maioria de nós encara a cegueira como se fosse a pior coisa que poderia acontecer a uma pessoa. Como alguém pode ser completo e feliz sendo cego? Mas muitos cegos "veem" muito mais claramente do que os que têm o dom de enxergar. Aprendi isso falando com o grupo no seminário: a cegueira abriu a percepção daquelas pessoas para uma experiência intensa dos outros sentidos que supera o que a maioria de nós jamais desfrutou. As pessoas cegas podem perceber com clareza cristalina a perfeição do trinado de um sabiá. O sentido de olfato delas pode distinguir as essências de uma centena de flores. Felizes são elas. Pobres de nós!

Fomos cegados por como as coisas aparentam ser na superfície, e convencidos de que nossas percepções condicionadas de nós mesmos e de nosso mundo são reais. Como nossos pensamentos não nos permitem ver além dos limites da dualidade, não percebemos que muito do que *pensamos* que vemos é pura ilusão.

Mesmo aqueles que se consideram conscientes e alertas descobrirão uma nova profundidade em sua percepção quando se tornarem verdadeiramente presentes.

Quando enxergamos com o coração, encontramos um mundo de beleza que não sabíamos que existia.

Graças ao amor por minha experiência humana, em sua perfeição.

A unidade que está além da diversidade

Nos picos da cordilheira dos Andes a água se transforma em neve. Muda de forma, mas ainda é água. Então, muda de novo e se torna uma geleira, um rio de gelo. Então, o lago e o sol seduzem a geleira, e ela começa a se misturar e se unir com o rio. Também é incrivelmente belo, o azul mais azul que você já presenciou na vida. E continua sendo água.

A água muda de forma milhões e milhões de vezes. Em cada uma de suas formas, ela é esplêndida – mas ainda é água; ela nunca cessa de ser água. Na areia de uma praia, ela é delicada, refrescante, confortante. Em um tsunami, ela é devoradora e destrutiva. Como nuvens carregadas, ela projeta sombras sobre a paisagem, e então se derrama como chuva, trazendo uma nova vida para o solo abaixo. Bebida em uma fonte, ela pode ser curativa e nutritiva. E você ainda pode se afogar nela, quando ela lhe rouba o último suspiro.

O amor é assim também. Quando sua consciência se expande, você descobre que o amor é *tudo* o que é. Tudo no universo é uma manifestação deste amor. A fornalha ardente no núcleo do sol, e o calor do meio-dia no seu rosto – é tudo uma expressão de amor.

Uma vez que você reconhece que há somente amor, você vê a mágica e a maravilha de todas as coisas. Vê amor na raiva das pessoas, o amor em seu ciúme, o amor até mesmo em seu ódio. Não importa que emoções elas expressem, você reconhece que é o amor tentando romper o cerco.

Lágrimas podem estar rolando por sua face porque você pensa que está sofrendo. É amor. Ou você pode estar sendo hipnotizado pelos olhos de um amante, e as lágrimas estarem correndo. Elas ainda são água, e ainda é o amor. Ele nunca, jamais, vai embora. Está sempre lá.

Quando você está ancorado no amor-consciência, amor é tudo o que você vê; e em todas as suas formas ele é perfeito.

Capítulo 3

A terceira faceta

Amando a si mesmo

Era uma vez um jumento que vivia numa fazenda de café na Colômbia. Ele trabalhava duro todo dia, ajudando o fazendeiro a transportar seu produto. Um dia, o animal tropeçou numa pedra e caiu numa cova bem funda. O fazendeiro e seus trabalhadores se aproximaram do buraco e ficaram surpresos de ver que o jumento havia sobrevivido à queda. Entretanto, a cova era tão profunda e suas margens tão íngremes e instáveis que nenhum dos homens se atreveu a entrar para salvá-lo. Eles decidiram abandoná-lo para morrer.

Quando eles já se afastavam, o relincho desesperado do animal foi demais para eles suportarem, e decidiram, então, pôr um fim no seu sofrimento. Começaram a jogar terra sobre o buraco com a intenção de enterrá-lo. Quando o jumento percebeu que estava caindo terra sobre seu lombo, ele se sacudiu um pouco fazendo aquela terra cair no chão e a aplanou com os cascos. Os homens continuaram jogando terra, e o jumento continuou empurrando a terra para debaixo dele. Pouco a pouco, a terra embaixo das patas do jumento começou a se acumular, elevando-o cada vez mais para a boca da cova. Foi quando o fazendeiro e seus ajudantes perceberam o quanto seu pequeno animal estava sendo inteligente, e começaram a lançar terra cada vez mais rápido – agora, não mais para enterrá-lo, mas para trazê-lo para fora do buraco. Quando a terra se acumulou o bastante, enchendo a cova, o jumento despontou na superfície.

O que sofremos não depende do que está em volta, mas de nossa percepção. O jumento escolheu abraçar o que estava lhe acontecendo e usar o que parecia ser um ato cruel de matança para se libertar da cova. É uma escolha que nós fazemos a cada momento. O que você está escolhendo nesse instante da sua vida?

Temos tantas ideias de como as coisas precisam parecer que sofremos sempre quando elas não estão do jeito que achamos que deveriam. Somos tão apegados a receber aprovação e apoio de todos a nossa volta, tão dependentes da maneira como os outros reagem a nós, que quando *eles* mudam, *nós* sofremos.

Se você está cheio de expectativas por receber amor do mundo, dê amor para si mesmo. Se você experimentar ansiedade ou necessidade em algum de seus relacionamentos pessoais – ou talvez porque lhe esteja *faltando* um tipo específico de relacionamento – ou se necessita que alguém mude para que se sinta feliz, você precisa mergulhar no seu interior e amar a si mesmo. Fale a sua verdade, mas sempre retorne para si mesmo. Nunca se trata de mudar as coisas do lado de fora.

Até que assumamos a responsabilidade por nossa própria felicidade – até que venhamos a descobrir que nós, e apenas nós mesmos, somos responsáveis por nossa satisfação na vida –, permaneceremos insatisfeitos.

Em todos os momentos, você tem o poder de reinventar a si próprio. Pode escolher ser o que quiser ser. Esta é a coisa maravilhosa sobre sermos humanos – nós temos escolha e podemos mudar. Podemos mudar para sermos mais amor, mais liberdade, para soltar nossas limitações, para começar a viver no momento – para adotar novos hábitos que não nos levem a sofrer.

A verdadeira consciência é responsável. Não percebe o mundo como uma coisa separada de si mesma. Toma a responsabilidade porque sabe que ela é o mundo.

Se estou sempre criticando a mim mesma, se estou sempre fazendo comparações e reclamando, se não estou sendo o brilho que verdadeiramente sou, então quem é o responsável? Eu sou a responsável. Todas as pessoas são únicas, perfeitas e brilhantes, mas você tem que achar o seu brilho polindo as suas facetas. É sua escolha, e de ninguém mais. *Eu escolho ser a grandeza de quem sou, e eu posso fazer isso. Eu não posso ser outra pessoa. Eu posso ser a grandeza de quem sou, e isso é suficientemente grandioso.* De fato, é o mais grandioso que há, porque uma vez que você encontre isto, não há mais comparação, nem ciúme, nem insegurança – há apenas amor. Então, você pode ampliar isto para cada parte de sua criação, e pode se render, e abraçar seu mundo com alegria. Você encontrará felicidade, porque não estará mais comparando; você estará apenas desfrutando da variedade de sua linda criação.

Um mundo perfeito

Quando a vibração de amor despontar em toda a humanidade, nosso mundo ideal se tornará uma realidade global. Mas isso acontecerá através de uma mudança interior

– através do olhar com olhos diferentes. Acontecerá à medida que abraçamos a perfeição que está sempre presente – a perfeição da consciência, do amor.

A maioria de nós deseja o amor incondicional. Nós sabemos que é o caminho ideal para viver e tentamos representá-lo. Nós representamos um ato, nos comportando como imaginamos que uma pessoa que ama incondicionalmente deveria se comportar.

Mas como podemos verdadeiramente amar uns aos outros se não conseguimos amar a nós mesmos? Como podemos abraçar as outras pessoas exatamente como elas são, se somos incapazes de aceitar a nós mesmos exatamente como somos?

Para ser puro amor, você precisa *ser* puro amor. Você não pode copiar o puro amor como parece ser. Não pode imitar o que vê alguém fazendo; isso nada mais é do que um truque do intelecto.

Quando tentamos amar os outros sem nos amarmos, abandonamos a nós mesmos, colocando a felicidade da outra pessoa na frente da nossa. Nós transigimos com o nosso próprio ser, e isto pode apenas levar ao ressentimento – ao oposto do que estamos almejando ser.

Como você se torna alguém que ama incondicionalmente? Você abraça sua perfeição neste exato momento. Você aceita que não há nada errado com você – que é perfeito exatamente como é.

Nós somos *perfeitamente humanos*, que é o que devemos ser.

Quando chegamos a nos amar incondicionalmente, podemos verdadeiramente amar a todos incondicionalmente. Isto porque, quando encontramos a perfeição dentro de nós mesmos através da luz do amor incondicional, percebemos perfeição em todas as coisas.

Todas estas ideias podem ser um tanto revolucionárias para você, e você pode achá-las difíceis de entender, mas se insistir em continuar fazendo as mesmas coisas que sempre fez, terá os mesmos resultados de sempre. Se, por outro lado, quiser experimentar a mudança, precisará fazer alguma coisa diferente. Você não precisa entender este ponto – apenas pratique as facetas. Quando elas começarem a trabalhar no seu interior, tudo que o mantém afastado da experiência do amor-consciência, impedindo-o de perceber a perfeição em você mesmo e no seu entorno, começará a desaparecer.

Aprendendo a amar a si mesmo

Na natureza, há um chamado instintivo para proteger e separar. Nos milhares de hectares dos selvagens pampas sul-americanos, garanhões pastam cercados por suas éguas. Cada garanhão protegerá suas fêmeas a qualquer preço – quando os potros começam a amadurecer, os garanhões os expulsam da manada para que não possam chegar perto das éguas. Os garanhões lutarão até a morte para proteger o que é deles, o seu harém. A única maneira de desistirem de suas éguas é quando elas são conquistadas por algum outro garanhão mais poderoso.

Infelizmente, nós humanos seguimos o exemplo deste comportamento animal instintivo. Estamos sempre defendendo nossos sistemas de crença, nossas manadas, nossos ideais – o que entendemos como nosso – e, em alguns casos, até mesmo morremos em defesa destas coisas. Por quê? Porque ainda estamos presos dentro da ilusão da separação.

Esquecemos o fato de que somos todos um, e que não há falta e não há nada para proteger. A razão pela qual sentimos esta carência, esta separação, é não nos sentirmos completos conosco. Não nos amarmos.

As pessoas costumavam me dizer: "Você precisa amar a si mesma."

"É uma ótima ideia!", eu respondia. "Mas como?" Ninguém parecia ter uma resposta para isso.

Muitos de nós pensam que amar a si mesmo significa comprar um novo carro esporte. Então, estamos amando a nós mesmos! Ou uma casa maior. Então, estamos amando a nós mesmos ainda mais! Ou encontrar um novo parceiro. Estamos sempre mudando nosso cenário (inclusive as pessoas ao nosso redor), acreditando que, fazendo assim, estamos gratificando a nós mesmos, mas nada, nunca, parece o bastante. Sempre queremos algo mais. Finalmente, temos que perceber que isso não funciona.

E o que dizer do nosso corpo? Como você se sente em relação ao seu corpo? Nossos corpos são diferentes uns dos outros. Todavia, todos nós, pelo menos em algum momento de nossas vidas, sentimos nosso corpo desprezível ou imperfeito. Talvez, algum dia, você quis ser mais alto, ou mais baixo, mais magro, ou mais musculoso, certamente mais jovem. Talvez, você achou que devia mudar certos detalhes – a cor do cabelo ou a calvície, a medida dos quadris, o tamanho dos bíceps ou dos seios. As crenças negativas que temos a respeito de nossos corpos procedem da *matrix* do intelecto; elas são um produto de nosso condicionamento.

Quando eu era mais jovem, não importava o quanto estivesse em forma, eu sempre focalizava no que estava errado com o meu corpo. Até que descobri, definitivamente, que eu apenas tinha que mudar a mim mesma. Eu tinha que aprender a amar a mim mesma.

O que é o amor por si mesmo? Significa ser real e aceitar cada aspecto de si mesmo. Estamos tendo uma experiência humana, em um corpo humano único. Não estamos atravessando uma experiência idealista e imaculada. Nós somos *humanos*. Ficamos irritados, ficamos tristes, amamos, somos egoístas, somos generosos. Nós somos tudo. Mentimos, omitimos – fazemos *tudo*. Nós somos humanos!

> *Pense uma faceta sempre que se sentir nervoso ou impaciente.*

Todos temos partes de nós mesmos que sempre julgamos. Todos temos os nossos segredos, coisas que achamos que fizemos errado e pelas quais nos culpamos ou reprovamos. Todas estas coisas surgiram do nosso autoabandono. Mas devemos abraçá-las se desejamos experimentar o amor por nós mesmos.

Isso significa que nós aceitamos o fato de que muitas de nossas ações são baseadas no medo, e são apenas hábitos, reações inconscientes. Significa que nós começamos a enxergar que não há nada de errado com aquelas ações, que elas são apenas algumas das cores radiantes que formam a paisagem da experiência humana. Elas são apenas a plataforma da qual a verdade que nós somos levantará voo.

A terceira faceta

Na terceira faceta, vamos criar uma verdade profunda que nos trará de volta ao amor por nós mesmos. Esse pensamento nos levará a abraçar a nós mesmos em nossa perfeição, para reconhecermos que podemos recriar a nós mesmos, a cada momento.

O amor me cria em minha perfeição.

Eis como praticar a terceira faceta:

1. Sente-se confortavelmente e feche os olhos. Lembre-se de que qualquer pensamento que vier é perfeito – não o evite.
2. Pense: *O amor me cria em minha perfeição*. Lembre-se de pensar, assim como faria com qualquer outro pensamento, sem tensão ou esforço.
3. Ao mesmo tempo em que pensa esta frase, coloque sua atenção bem no fundo de seu coração.
4. Depois de pensar a faceta, faça uma pausa. Depois de alguns instantes, repita o pensamento e novamente faça uma pausa.
5. Prossiga desta forma por cerca de vinte minutos. Você pode dar uma olhada no relógio para verificar o tempo.

Agora que você já tem três facetas, utilize-as em quantidades de tempo iguais quando você se unificar com os olhos fechados. Por exemplo, se você vai se unificar por meia hora, comece com dez minutos a primeira faceta, depois pratique dez minutos a segunda, e termine com dez minutos a terceira. Pode olhar para o relógio para marcar o tempo.

Quando você unificar com os olhos abertos, pode pensar qualquer uma das facetas que vier à sua mente em qualquer momento.

A ilusão do amor romântico

Quando estamos vivenciando o amor-consciência, estamos completos dentro de nós mesmos. Não estamos mais esperando que alguém venha de fora para nos completar.

A ilusão do romance é algo que muitos de nós buscamos incansavelmente – a conquista, os jantares à luz de velas, as flores, as músicas, toda a encenação. Mas, na verdade, estamos procurando distração: a excitação e a fantasia são apenas recursos para evitar a falta de amor que sentimos por dentro.

Com o amor-consciência, essa necessidade de distração vai embora. Todas as expectativas que colocamos no mundo exterior e nos parceiros – todos os motivos que nos fazem nos sentir incompletos nos relacionamentos – simplesmente desaparecem, porque desenvolvemos um relacionamento conosco. Ele é baseado no amor verdadeiro. Não é como o amor romântico. É inteiro e completo.

Uma vez que você tenha descoberto o amor por si mesmo, o romance pode aparecer na sua vida como um bônus, mas não será mais uma exigência para sua satisfação.

Numa conversa recente, uma amiga me contou que já não via certo homem havia nove meses. Nem sequer pensava nele. Ele nunca surgiu em sua mente naquele período. Então, ela recebeu um telefonema dele e sua mente instantaneamente a induziu ao sentimento de saudade, de quanto ela sentia falta dele, e de quanto precisava dele. Ela começou a sentir o que chamou de "presença da ausência". Aquele sentimento fez com que ela começasse a sofrer.

Esta é a nossa resposta automática e habitual ao amor romântico – necessidade, sofrimento e memórias idealizadas de como tudo foi maravilhoso um dia. A verdade é que o amor romântico raramente tem alguma coisa a ver com a realidade. É uma fantasia que nós criamos na mente para nos entreter, para sentirmos a adrenalina, a aflição, o entusiasmo, a atração e o desejo. A boa notícia é que minha amiga enxergou isso. Ela percebeu como havia escorregado, instantaneamente, para um padrão mais antigo que o primeiro tango, e que se incrustou em seu ser, provocando aquela resposta emocional inesperada.

Isso me faz lembrar uma cena no antigo seriado para crianças chamado *Vila Sésamo*, com Beto e Ênio. Beto demora muito a chegar em casa, e Ênio fica imaginando onde ele poderia estar. Ênio começa a imaginar o que pode ter acontecido com Beto. Talvez ele tenha se encontrado com seu amigo Fred e tenham começado a conversar sobre tudo o que pudesse ser dito sobre ele. Ênio começa a pensar que talvez eles não gostem de conversar com ele por o acharem sem graça, que eles o têm por egoísta e avarento com o dinheiro, e que não é um bom amigo. Ênio fica tão preocupado imaginando as coisas que Beto e Fred possam estar conversando que quando Beto finalmente chega em casa, Ênio grita para ele: "Como você pôde dizer todas aquelas coisas terríveis sobre mim para o Fred?" Beto responde: "Eu não estive com o Fred. Do que você está falando? Eu estava preso no trânsito."

Por que fazemos isto? Por que escolhemos cair no buraco do descontentamento tão rapidamente? Quando nos tornamos mais conscientes de nós mesmos, percebemos que fazemos aquilo porque somos viciados em sofrimento.

Nosso vício em sofrimento

Há conforto no sofrimento, em ser uma vítima, porque não temos que assumir responsabilidades; é muito mais fácil culpar alguém por nosso descontentamento.

Eu costumava ser totalmente viciada em sofrimento. Estava tentando salvar todo mundo à minha volta, porque isso fazia eu me sentir importante – eu podia sustentar o mundo todo! Então, me sentia como uma vítima das pessoas que tentava salvar, porque eu dava, dava, dava, e acabava me sentindo não apreciada. O que eu não percebia era que isso era uma posição de que eu gostava – gostava de me sentir uma vítima do mundo.

Nosso vício em sofrimento chega a um ponto em que mesmo quando tudo parece estar caminhando perfeitamente, encontramos uma razão para sofrer. Tudo está indo tão bem! É bom demais para ser verdade. Nós testamos isso porque estamos convencidos de que não é real – *Se eu fizer isso, quero ver se ela ainda vai me amar... Ha, ha... Eu sabia! Minhas suspeitas estavam certas!*

Nosso descontentamento procede da *matrix* do intelecto – julgando, comparando, analisando. Nos enredamos nas dúvidas da mente e nos sentimos atrapalhados pelas circunstâncias de nossas vidas. Os temores da mente nos puxam para este lugar de desencanto.

Como quebramos o vício em sofrimento? Ao abraçar a perfeição deste momento. A mente está sempre procurando uma desculpa para rejeitar o momento presente, ela está sempre procurando pelo que está errado em nossas vidas. Esta é a gênese do sofrimento – o sentimento de que há alguma coisa errada, um motivo pelo qual não podemos experimentar a plenitude absoluta aqui e agora. Se você parar de ficar tentando mudar tudo e retornar para a inocência, vai quebrar este vício. A inocência abraça todas as coisas com alegria – ela não tem expectativas ou modelos de como as coisas precisam parecer.

> *Lembre-se de pensar a faceta sempre que estiver em uma situação de confronto.*

Relacionamentos incondicionais

Algumas pessoas se perdem totalmente em seus relacionamentos, e a única coisa com que elas se preocupam é o seu parceiro. Elas não estão interessadas em amar a si próprias, e não expressam a sua verdade – transigem para não contrariar seus parceiros, e fazendo assim elas perdem todo o seu poder. Isso serve para alguma coisa? Não, isso não colabora nem um pouco para o crescimento delas. Mas crescer com outra pessoa numa relação, juntos, mas como indivíduos, é algo muito mágico.

Para poder encontrar amor no outro, lembre-se de que você deve primeiramente ter aquela experiência com você mesmo, porque seu parceiro é um espelho. Se há falta de amor, isso será refletido.

Frequentemente, nos relacionamentos, uma pessoa está mais interessada na relação do que a outra. Então, algumas vezes, isso muda, e os parceiros trocam de papéis. Isso acontece porque, na maioria dos relacionamentos, nós queremos que os parceiros preencham o vazio que temos dentro e espelhamos aquela carência um para o outro. No começo, um dos parceiros aparenta estar seguro e o outro necessitado e dependente, mas isso pode mudar com as circunstâncias. Definitivamente, quando essas dinâmicas estão presentes, não há amor incondicional do eu, e o relacionamento está baseado no vício.

Você pode crescer num relacionamento, mas apenas quando estiver consciente para não se perder nele. Então, você pode construir uma parceria bonita fincada na maturidade e no amor-consciência, cada um apoiando o outro em sua grandeza.

O amor verdadeiro em sua forma mais pura é incondicional. Isso é amor real. Ele vem do interior e se move para o exterior. O amor verdadeiro dá para cada um dos aspectos de si mesmo, sem necessidade e sem transigir. O amor verdadeiro vem de um lugar de inocência. É amor consciente, e é preenchido e completado dentro de si mesmo. Todos os outros tipos de amor que vivenciamos têm condicionamentos. Eles são o que nós *percebemos* como amor dentro da experiência humana, mas não são expressões de amor verdadeiro. Estes modelos de amor podem se apresentar como amor romântico ou como o amor de um amigo, de um parceiro de negócios, de uma criança ou de um animal. Mas este amor está sob condições.

O relacionamento ideal é como uma crisálida, nutrindo o crescimento de cada indivíduo de forma que ambos possam alcançar a perfeição de seu próprio brilho, encontrar suas asas e exibir suas verdadeiras cores. Então, ambos os parceiros refletem mais crescimento e perfeição entre si. Quando eles apoiam um ao outro no crescimento, não podem perder nada do que é real. Eles podem enfrentar tempos difíceis juntos. As estações podem mudar – pode haver rigorosos invernos e primaveras abundantes, mas a mudança das estações traz cada aspecto de si mesmo para a maturidade. Os parceiros apoiam um ao outro através disso, e então tudo o que permanece é o amor.

Quando estamos plenamente conscientes, somos nossos próprios parceiros perfeitos. Quando estamos tão ancorados em nosso interior, tão arraigados no amor incondicional, podemos estar com outra pessoa, mas não se trata mais de uma necessidade. Neste caso, o amor está focalizado em mais crescimento, em ser mais e mais amor. Não é mais uma tentativa de nos completarmos em outra pessoa, porque cada um de nós está completo em si mesmo.

Quando uma criança consegue um amigo novo, ela não diz para seu amigo: "Agora, você me promete que será meu amigo para sempre?" Não, ela só aproveita o momento. Ela vive inocentemente. Ela brinca inocentemente. Ela não tem uma lista de expectativas e exigências – beleza física, crenças religiosas, preferências sexuais, estabilidade financeira, desejo de compromisso, aprovação da família e daí por diante. Ela apenas tem um amigo inocentemente que chegou e iluminou seu coração. Elas encontraram felicidade juntas e brincam juntas.

Sexualidade consciente

Uma união entre duas pessoas conscientes que amam incondicionalmente é a expressão sexual definitiva. É uma experiência profundamente sustentadora, baseada no crescimento mútuo. A energia sexual em um relacionamento consciente é muito diferente do que muitos de nós estamos acostumados, porque é baseada no dar e não no tomar. O amor incondicional dá. Ele é completo em si mesmo e tem prazer em compartilhar sua plenitude.

Quando não nos sentimos completos com nós mesmos, o sexo pode se tornar uma necessidade insaciável, na qual buscamos gratificação física para tentar preencher o vazio que sentimos dentro. Há algo errado com o sexo ocasional? Não, claro que não – não há nada *errado* com nada –, mas o sexo por si só nunca trará satisfação duradoura.

A repressão sexual está profundamente entranhada em muitos setores da sociedade moderna. Muitos homens e mulheres têm o medo ou a crença profundamente enraizada de que estão em alguma coisa errada quando praticam sexo. É claro, esta crença subjacente de que o sexo é alguma coisa má ou impura impede a expressão plena de nossa sexualidade.

À medida que as facetas permitem que esta repressão saia, você perceberá que sua vida sexual está se tornando mais plena. Quando você se ancora no amor por si mesmo, sexo não é mais uma necessidade compulsiva, porque você já não está mais buscando completude fora de si.

As facetas o conduzem mais fundo no amor-consciência – quando você as pratica, está se conectando com frequências mais elevadas de amor. Se você pensar as facetas enquanto faz amor, verá que a sensação de prazer se torna mais intensa e mais profunda. Utilizar as facetas faz você estar mais presente no momento – em vez de fazer uma lista de compras ou se distrair com uma fantasia na mente, você está *aqui*, *agora*. Isto aumentará, obviamente, a intensidade de seu prazer. Praticar a terceira faceta enquanto faz amor é a resposta do Sistema Isha ao Viagra!

Um jogo chamado vida

Quero propor um jogo! Pode parecer estranho, mas eu não vou lhe pedir para acreditar no que irei lhe contar. Lembre-se de que é apenas um jogo.

Imagine por um instante que você é Deus. O criador da totalidade, o dono do mundo. Você cria este mundo e pode mudá-lo a cada momento que quiser. Todo o poder lhe pertence. E quero que você imagine agora, com um coração aberto, que tudo em que você acredita, tudo o que vê, cada ideia que você tem, não está definitivamente baseado na verdade. É apenas alguma coisa que você, como Deus, desenhou a partir de sua imaginação. Você nunca nasceu, e você nunca morrerá. Você nunca veio, porque você nunca foi. Você sempre foi tudo, pela eternidade. Não há nada a temer, e não há nada errado – você é perfeito exatamente como é, e a única coisa que existe é amor.

Imagine que o jogo que você decidiu jogar era esquecer que você era Deus e viver uma experiência baseada na dualidade. Dentro desta experiência humana, você criou a mais complexa rede de separação. Cada pessoa e cada coisa é você, representando um papel diferente. Todos estão atuando neste grande espetáculo para você. É como se toda a criação fosse um grande espelho, refletindo todos os seus amores e ódios, suas alegrias e separações.

Imagine que o mundo não tem a idade de milhões de anos, que o universo não é imenso nem ilimitado, mas que é a menor partícula de informação – informação que você teve o poder de criar, e que tem poder para mudar.

Você passou a vida inteira procurando por uma coisa: amor. A ironia da experiência humana é que *isto é exatamente quem você é*. O que dizer se nós formos todos um, todos Deus, e a única coisa real for precisamente o amor?

Então, como vamos nos libertar desta percepção de separação? Como vamos retornar à nossa verdadeira natureza? Como vamos experimentar o amor incondicional por nós mesmos e a união com a totalidade da criação? Definitivamente, há uma resposta, e a resposta é:

Iluminação.

Destruindo os mitos da iluminação

Nós temos uma tendência de perceber a iluminação como alguma coisa que está além da nossa capacidade humana. Acreditamos que iluminação é para pessoas "especiais" como Jesus e Buda. Mas e se Jesus e Buda estivessem demonstrando um potencial muito real, alguma coisa que era e é atingível para todos os humanos? A experiência de amor em tudo é uma realidade; acontece que esquecemos desta realidade. Quando você expandir sua consciência e novas realizações emergirem, verá que seu coração está ansiando continuamente por mais e mais amor-consciência. Definitivamente, ele anseia por se assentar na unidade.

As pessoas pensam com frequência que pretender ou mesmo se esforçar para isso, alcançar iluminação, é algo arrogante. Mas iluminação não é nem arrogante, nem humilde; é apenas real. A iluminação não sente necessidade de se esconder atrás de uma máscara de falsa modéstia ou tentar se encaixar numa ideia preconcebida de como agir. Frequentemente, transigimos com nossa verdade ao agir com pequenez, com a intenção de fazer os outros se sentirem melhores. Não fazemos o que realmente queremos porque temos medo de perder a aprovação das pessoas, mas a iluminação nunca transige com sua própria grandeza.

A grandeza tem a coragem de ficar sozinha. A grandeza fica sozinha, mas nunca é solitária. Ela é completa dentro de si mesma. Arrogância, por outro lado, é o abandono de si mesmo. Arrogância é Deus agindo com pequenez. Arrogância é Deus sendo vítima e não assumindo a responsabilidade por suas criações.

Lembre-se de pensar uma faceta para voltar ao momento presente.

Arrogância são as criaturas mais magníficas do planeta se destruindo entre si, impiedosamente, tentando conquistar alguma coisa que é inalcançável fora delas. Arrogância é a adoção de máscaras na forma de julgamentos, opiniões políticas e religiosas, e falsa piedade, para simplesmente se moldarem e receberem aprovação. Arrogância são os seres humanos condenando uns aos outros por sua cor da pele, religião ou sexualidade.

Iluminação é amor por si mesmo. Não tem a ver com arrogância. Fomos ensinados que amar a nós mesmos é egoísta, mas se eu não conheço o amor incondicional por mim mesmo, não posso estendê-lo para o resto da humanidade.

Outro mal-entendido comum é que iluminação é um estado de desligamento da realidade. Pelo contrário, a iluminação o ancora mais do que nunca à realidade. Quando você transcende os temores da mente, abraça a vida com liberdade e alegria. Você se torna *mais* presente, e não menos. Essa é a glória da iluminação – você continua a viver a experiência humana enquanto está ancorado permanentemente à vibração do amor absoluto.

Isso também é verdadeiro com nossas emoções. Achamos que iluminação é um estado de inatividade emocional, mas, na realidade, as emoções se movem muito mais livremente quando a consciência se expande. Sentimos cada emoção plenamente, sem julgamento, assim como uma criança sente. Quando irrompemos em direção ao amor incondicional, abraçamos a espontaneidade que é natural para nós.

Esta autoaceitação é inerente a todos os animais e pode ser melhor compreendida pela observação da natureza. Em Puerto Madryn, na Argentina, por exemplo, dezenas de baleias vêm procriar nas águas calmas em torno da Península Valdés. É impressionante chegar perto de seres tão enormes. As baleias são os maiores animais do mundo, com certeza estão entre os mais poderosos, e ainda assim elas irradiam amor. É incrível. É tudo o que se pode sentir. Elas são pura paz, puro amor, e são tão grandes! Elas olham para nós preguiçosamente através de um vislumbre da água, como se fôssemos alguma espécie rara de inseto, e, então, mergulham de novo.

As baleias vêm com seus bebês, e aqueles bebês mamam dois mil litros de leite por dia. Então, a pobre mamãe passa a maior parte de seu tempo ali, amamentando. Tudo o que o bebê quer é se alimentar – ele adoraria mamar *dez* mil litros de leite de baleia por dia. Quando a mãe se cansa de alimentar a cria, ela vira de costas para que o filhote não possa alcançar suas tetas. O bebê, então, começa a dar tapas na mãe com a cauda, na tentativa de fazê-la se virar. É algo um tanto forte ter um filhote açoitando a baleia com a cauda, mas a mamãe permanece ali, imóvel, na mais perfeita paz. Ela deixa o bebê extravasar sua raiva e continua a descansar, mesmo quando ele fica furioso. Ela não se culpa; ela não pensa: *Eu não deveria ficar cansada tão rápido. Eu não estou dando leite o bastante para meus filhotes, coitadinhos!* Os animais nunca se julgam. Para eles, tudo é perfeito.

Quando a mamãe baleia se sente refeita, ela ensina o bebê a saltar para fora d'água. Quando a mãe salta, é tão magnífico! É poesia em movimento. Quando o bebê tenta imitar, é um desastre! Ele dá grandes barrigadas na água e causa uma decepção. Mas sua mãe não diz: "*Oh, meu Deus, você não está fazendo certo! Você está me envergonhando na frente das outras baleias! Eu não devo ser uma boa professora...*" Não. Ela apenas continua saltando, e o bebê continua treinando, até que eles chegam à perfeita união, à perfeita sincronia.

A natureza não julga. Ela é puro amor, puro ser, perfeitamente no momento, porque ela não fica pensando o tempo todo. Essa é a natureza da iluminação.

Iluminação é liberdade absoluta, amor do eu absoluto, união com todos e todas as coisas. Significa estar feliz em todos os momentos, e por nenhuma razão particular, em vez de ficar esperando ansiosamente pela realização no futuro. Iluminação é uma vida sem medo.

Minha existência costumava ser o oposto da iluminação. As coisas tinham que parecer de determinada maneira para que eu me sentisse feliz. Tudo e todos tinham que ser exatamente como eu achava que deviam ser, ou eu não podia encontrar paz em minha mente. Eu tinha um apego extremo a tudo – a meu país, meus pontos de vista, meus amigos e família, e até a minha cadela.

Agora, eu fluo com todas as coisas. Eu acho a perfeição em cada circunstância. Eu experimento liberdade e alegria em qualquer lugar, não importa onde estou ou com quem estou. Ter essa plenitude é incrível. É o que procuramos durante toda nossa vida. Gastamos toda nossa energia tentando atingir esta experiência. Mudamos as circunstâncias externas numa tentativa desesperada de encontrar preenchimento – procuramos pelo parceiro perfeito, mudamos de casa, de trabalho, ou mergulhamos numa orgia de consumo –, qualquer coisa que possa apaziguar a insatisfação implacável da mente.

Nós tentamos todas estas coisas, mas a liberdade só pode vir de dentro. É uma experiência interna.

Abrace a mágica. Estamos tão perdidos em nosso estresse que nunca percebemos a magia que nos cerca. Não estamos presentes no momento. Podemos estar nos lugares mais lindos da Terra, rodeados das vistas mais espetaculares, mas não podemos verdadeiramente apreciá-los – porque nunca estamos realmente lá. Estamos sempre em algum outro lugar, preocupados com um momento futuro ou com uma pendência do passado.

O contato mais ligeiro com o amor-consciência muda tudo num instante. Quando você experimenta isso, tudo mais se torna secundário. Porque seu coração conhece – e ele nunca esquece.

Quando eu era criança, minha família costumava me levar em longas viagens de carro pela Austrália. Eu me recordo de estar sentada no banco de trás, olhando pela janela, encantada com magníficas paisagens que iam passando. Adorava repetir as palavras que lia nas placas da estrada para tentar impressionar minha mãe com meu vocabulário.

Eu gostava muito dessas viagens, exceto quando cruzávamos com animais mortos na estrada. O reino animal da

Austrália é de grande diversidade. Infelizmente, parte desta fauna acaba se tornando vítima de atropelamentos noturnos nas estradas do interior do país. Se houvesse qualquer animal morto na estrada, ou à margem dela, eu sempre identificava. O sinal de alguma coisa morta, qualquer linda criatura, costumava me aterrorizar. A cena, mesmo que rápida, mexia comigo e me enchia de tristeza. Eu começava a chorar como se uma nuvem encobrisse, de repente, todo o meu encantamento anterior. Acontecia num instante, e era automático. Eu percebia a tamanha crueldade, eu sentia o sofrimento dos animais, mesmo na minha inocência infantil. Quando cresci, me tornei igualmente perturbada pelas injustiças da nossa sociedade.

Agora, tenho dedicado minha vida à elevação das consciências, mas faço isso a partir da experiência da perfeição. Não percebo mais as coisas como erradas ou como um motivo para sofrer. Estou trabalhando para aumentar nossa qualidade de vida em cada momento, mas o faço de uma posição de alegria, não de uma posição de pena.

Encontrando amor em tudo

As perplexidades do amor são incompreensíveis para o intelecto humano. O amor é a maior força que existe, a única coisa que existe, e ainda assim nós o vivenciamos em um nível tão pequeno! À medida que começa a se expandir, ele abarca tudo, até que anula completamente a experiência de separação e sofrimento.

Sofrimento nada tem a ver com amor. O amor não sabe o que é sofrimento. Amor é uma felicidade e uma paz subjacente que está presente em tudo. O amor verdadeiro se entrega a cada momento. Ele diz sim para o que é.

Sua natureza é dar, e ele encontra felicidade infinita em sua natureza. Ele dá sem expectativa de retorno e sem ressentimento; e por ser amor verdadeiro, amor incondicional, ele sabe que quando se dá para os outros, está dando a si mesmo.

Amor são as montanhas. Amor são as nuvens da tempestade. Amor são os raios de sol da manhã acariciando delicadamente seu rosto.

Amor é o saco de lixo que fica preso em seus pés num dia de ventania.

Amor é a pessoa que você contempla extasiada num jantar à luz de velas.

Amor é o assaltante que encosta um punhal no seu pescoço enquanto arranca a carteira de sua bolsa.

Amor é a alegria das crianças brincando na areia, construindo seus castelos, e amor é o mar que vem para derrubar os castelos e levar tudo de volta ao oceano.

Amor é o câncer que suga o último suspiro da vida, e amor são as contrações doloridas quando você recebe o presente de um bebê que nasce.

Onde eu não posso achar o amor? Não há lugar onde eu não possa encontrá-lo. Ele é a única coisa que existe. Ele é a grandeza do que você verdadeiramente é. O amor é tudo.

Esta é a liberdade que experimentamos com o despertar do amor-consciência. Quando amamos a nós mesmos incondicionalmente, percebemos nossa imortalidade e nossa iluminação. Começamos a amar a todos, e a tudo a nossa volta, incondicionalmente. No meio do amor incondicional, nasce a verdadeira compaixão.

Capítulo 4

A quarta faceta

Seja um com o universo

Um menino correu até seu avô: "Vovô, vovô, me conte o segredo da vida!"

A boca do ancião se enrugou num sorriso engraçado quando ele respondeu: "Meu neto, dentro de cada um de nós, é como se houvesse dois lobos brigando. Um dos lobos está concentrado em proteger seu território, é raivoso, crítico e amargo. Ele é assustado e controlador. O outro lobo está interessado no amor, na alegria e na paz. Ele é travesso e gosta de aventuras."

"Mas vovô", perguntou o menino, com seus olhos arregalados de curiosidade, "qual dos lobos irá vencer?"

O velho respondeu: "Aquele que você alimentar."

Qual dos lobos você está escolhendo alimentar? Todas as vezes que pensa uma faceta, você está alimentando o amor-consciência. Em muitas ocasiões, nós escolhemos criticar, focalizar no que consideramos errado, mas sempre que pensamos uma faceta, estamos confrontando aqueles hábitos e escolhendo algo totalmente novo.

Aquilo em que nós focalizarmos irá crescer. Quando começamos a apreciar em vez de criticar, quando começamos a perceber a beleza e a maravilha das coisas a nossa volta, em vez de nos fixarmos, como de costume, no que está faltando, começamos a encontrar amor em tudo. Então, chega a hora em que o lobo do medo e da crítica dentro de nós cessa de existir e se funde na unidade com o lobo do amor. Nesse tempo, começamos a entender a compaixão verdadeira e nos fundimos em unidade com o universo.

Compaixão verdadeira

Compaixão é a vibração mais elevada do amor na experiência humana. A compaixão brota de um coração aberto, um coração que pode enxergar diretamente através da ilusão da separação – um coração que é autorrealizado.

Você está praticando uma faceta?

A compaixão vê através do que não é real, de maneira que tudo o que fica é amor. Ela remove o véu da ilusão e da autoenganação, e permite aos humanos encontrarem seu próprio brilho, seu próprio coração.

A compaixão pode ser suave, mas também pode ser feroz. Ela pode se mover como um vendaval destruindo tudo o que é ilusório. Nós tendemos a pensar no amor como uma energia doce e nutritiva que é cega a tudo o que a rodeia. A história bíblica de Jesus expulsando os mercadores do templo mostra, na realidade, que o amor, às vezes, pode ser feroz. Na história, Jesus chega ao templo em Jerusalém e se depara com um cenário repleto de mercadores e cambistas. Ele os expulsa do templo, dizendo: "A casa de meu Pai é uma casa de oração, e vocês fizeram dela um covil de ladrões" (Mateus 21, 13). Eu enxergo isso como Jesus expelindo tudo que não é fundamentado na verdade, que não é fundamentado em Deus, que não vibra numa frequência elevada. Não que nossos vícios, nossas mentiras ou nossos medos sejam maus; é que eles não podem ser sustentados em altos níveis de consciência.

Este exemplo demonstra como o amor nem sempre é doce. A compaixão pode sacudir, e a compaixão pode chocar. A compaixão pode ser paciente, mas também pode ser rápida e precisa como um bisturi de cirurgião cortando a ignorância que nos aflige.

Esta é a arte da compaixão, e não há amor maior que isso.

A experiência da compaixão procede da unidade.

Unidade

A única maneira pela qual a humanidade pode encontrar seu mais alto potencial – a única maneira em que podemos viver paz mundial, amor incondicional e compaixão verdadeira – é através da experiência de unidade.

A unidade capta a perfeição em toda criação, em cada aspecto da dualidade. Não há preconceito, não há doutrina, não há "ismos" – há apenas Deus, experimentando a si próprio em cada momento, na forma humana.

Quando Deus pode perceber isso numa forma humana, ele pode permitir a qualquer um descobrir sua própria grandeza. Não há ninguém para ser salvo; não há nada para proteger; há apenas *ser* para encontrar a perfeição do amor em toda a sua criação.

As facetas do Sistema Isha são uma progressão natural na experiência de amor-consciência. Nós começamos com louvor, porque louvor é uma escolha; é a escolha por apreciar ao invés de criticar.

Louvor ao amor por este momento, em sua perfeição.
(Ponto de atenção: profundo no coração)

É tão fácil apreciar. Por exemplo, eu sempre me maravilhei com minha mãe. Ela sofre de muitas debilidades físicas, e sua saúde foi uma fonte constante de desconforto durante a maior parte de sua vida. Mas mesmo depois de suportar tantas perdas, tantas adversidades, ela ainda tem uma incrível capacidade de apreciar tudo de bom que isso lhe trouxe, e de louvar tudo a seu redor. Ela é um belo exemplo do poder do louvor. Quando nós, como minha mãe, começamos a dar graças pelos presentes abundantes que estão sempre vindo em nossa direção, encontramos a beleza verdadeira desta criação, e todas as coisas florescem e se expandem, ultrapassando os horizontes mais ousados de nossos sonhos.

Na segunda faceta, nos movemos para a gratidão, a gratidão pelo amor que está em todos os lugares em torno de nós:

Graças ao amor por minha experiência humana em sua perfeição.
(Ponto de atenção: profundo no coração)

Quando você se ancora ao poder do amor, descobre sua própria perfeição. Como você poderia não ser perfeito? Você é uma criação de amor. O amor absoluto e incondicional do eu é a experiência mais extraordinária, e nada externo pode acabar com isso. Nós celebramos este amor do eu na terceira faceta:

O amor me cria em minha perfeição.
(Ponto de atenção: Profundo no coração)

Pela prática constante dessas facetas, o amor-consciência se tornará uma experiência permanente. Quanto mais as praticar, mais você descobrirá que está vivendo seus dias numa perspectiva de plenitude interior e felicidade. À medida que começar a amar a si mesmo, aceitar cada aspecto de si mesmo, este amor transbordará para seu entorno e você descobrirá que a maneira como você reage aos outros está também mais amorosa, mais solidária.

À medida que nos consolidamos na experiência de amor, este sentimento se intensifica, tornando-se mais rico, até que se transforma em compaixão. Com a maestria da compaixão, toda separação se dissolve, e abraçamos a experiência da unidade.

A quarta faceta

A quarta faceta, que completa as três primeiras que já aprendemos, é

Om unidade.

O que é om? As culturas antigas do mundo captaram que havia uma essência implícita comum em tudo no universo, e elas encontraram palavras para descrever aquela essência. Em sânscrito, a mãe de todas as línguas, a palavra é om.

Om é a vibração do universo que a tudo perpassa. O som de om vibra na escala mais primordial com tudo o que existe.

Na quarta faceta, nós juntamos *om* com *unidade*. Vibrar nas profundezas do om enquanto focalizamos na unidade que jaz além das separações aparentes no universo transporta o cérebro diretamente para a virtude, o sentimento e a presença da unicidade. A perfeita harmonia que isto provoca na mente é, então, ancorada ao coração, ressonando no pináculo do puro amor-consciência e irradiando para tudo na criação.

Desta forma, a quarta faceta complementa as outras três, assentando a experiência que desenvolvemos no profundo silêncio da unidade.

Eis como praticar a quarta faceta:

1. Sente-se confortavelmente e feche os olhos, permitindo que os pensamentos venham naturalmente.
2. Pense: *Om unidade*. Lembre-se de pensar assim como você faria com qualquer outro pensamento, sem forçar ou lutar.
3. Quando pensar esta frase, traga sua atenção a partir da base de sua espinha para o topo de sua cabeça.
4. Depois de pensar a faceta, faça uma pausa. Após alguns momentos, repita a faceta, e novamente faça uma pausa.
5. Continue desta forma por vinte minutos. Você pode olhar no relógio para verificar o tempo.

Entrando no silêncio

Amor-consciência é a coisa mais natural do mundo. Quando éramos crianças, nós o experimentávamos o tempo todo – uma paz e alegria que nos acompanhavam em todos os lugares. Mas, como adultos, perdemos de vista essa experiência. Nossos anseios constantes e a insatisfação inerente do intelecto acontecem pelo nosso desejo de retornar ao amor-consciência.

As facetas focalizam nossa atenção no amor-consciência cada vez que pensamos nelas. Ao fazer isso, elas trazem o silêncio de nossa real natureza para o primeiro plano de nossa atenção. Na presença deste silêncio, tudo em nossa vida que está ligado ao medo começa a se transformar, para se dissolver na paz que está nos envolvendo.

Quando focalizamos nas facetas, nos dirigimos para a experiência de amor-consciência. Nós somos o que escolhemos. Quando escolhemos a quarta faceta, nossa vibração se dirige para mais unidade. Quando o amor fica mais forte, os medos opressores que embaçam nossa janela começam a desaparecer. Nossa percepção recupera a clareza natural, e nós revivemos a inocência feliz que tínhamos na infância. Novamente, experimentamos mais de nossa natureza verdadeira: alegria, paz e silêncio.

À medida que nossa experiência de amor-consciência se expande, começamos a perceber o universo em sua real magnificência, em vez de enxergar tudo através de conceitos, classificações e arquivos que colecionamos por toda a vida. Começamos a nos relacionar e responder a nosso entorno a partir do silêncio profundo que estamos descobrindo em nosso interior. Esta consciência irradia para o mundo exterior, penetrando em cada área de nossa experiência humana. Vemos tudo com mais inocência, sem comparar com o que aconteceu antes. Em vez de ver o nome das coisas, nós as percebemos como elas realmente são. Em vez de enxergar o que percebemos como "o oceano", vemos a estrondosa e avassaladora imensidão da sua presença.

Quando começamos a nos unificar, sentimos isso por alguns momentos, mas logo somos empurrados para fora por nossas emoções e nossos pensamentos, ou pelas mudanças que estão acontecendo a nosso redor. Mas, à medida que nos ancoramos mais firmemente à experiência de amor-consciência, se torna cada vez mais difícil para as distrações do intelecto nos empurrar para fora desta experiência. Através da prática regular, esta experiência se torna mais e mais permanente, até que chega o tempo em que ela nunca mais nos deixa.

A natureza do pensamento

No começo, quando você pensa *Om unidade*, pode ser que sinta paz e silêncio, ou pode ser que não. Pode ser que perceba sua mente sendo invadida por pensamentos, até mais do que o normal. Isso significa que a unificação está operando: não é algo que devamos evitar.

Os pensamentos vêm durante a unificação porque a elevação de nossa vibração interna faz com que saiam todas as coisas que não vibram naquele mesmo nível. Isso pode incluir padrões de pensamento, memórias, obsessões e preocupações.

É importante lembrar que unificar é diferente de meditar. Não estamos tentando, aqui, impedir os pensamentos de vir. Todos os tipos de pensamento podem aparecer enquanto você está se unificando, e são todos perfeitos. Nunca tente evitar seus pensamentos, e não os julgue como bons ou ruins. Os pensamentos que emergem enquanto você se unifica são parte do processo, não importa quão interessantes ou desprezíveis eles possam ser.

Não lute contra seus pensamentos. O intelecto não é o inimigo. Ame seu intelecto; não faça dele algo errado. Conforme sua consciência se expande, as dúvidas e os truques da mente desaparecerão com naturalidade.

O amor-consciência é muito maior do que o intelecto – ele presencia a mente e todas as suas maquinações. Ele toma o que necessita do intelecto para viver a experiência humana, mas tem uma percepção clara das coisas que nos fazem sofrer. Ele enxerga através dos pensamentos que são baseados no medo, e que nos fazem aferrar-nos, em vez de nos soltarmos.

A mente é um ponto de interrogação interminável, de dúvida permanente. Ela vagueia de uma opinião para outra. Ela é transitória porque é ilusória. A voz do intelecto oscila de um polo a outro, alimentando confusão e indecisão. A complicação é seu jogo favorito, na medida em que ela conduz o curso dos pensamentos para uma enrascada incômoda, como um gato às voltas com um novelo de lã.

A voz da unidade não produz dúvida. Ela fala com clareza absoluta, ressoando no silêncio de seu ser. Quando ela fala, não há perguntas. Ela é sólida e estável.

Quando você se unifica, o novelo de lã que sua mente felina criou se desenredará na luz do amor. Enquanto ela se desenreda, apenas deixe os pensamentos fluírem – eles são os fragmentos da lã que estão virando poeira.

No momento em que as pessoas utilizam as facetas, tomam consciência de que a maneira como elas percebiam o mundo enquanto cresciam nada mais é do que um produto do condicionamento da infância. Reconhecem pela primeira vez que o mundo não é do jeito que elas sempre o enxergaram – que elas, de fato, *aprenderam* a enxergar o mundo dessa maneira.

> *Lembre-se de pensar a faceta:*
> ***Om unidade.***

Esta é uma descoberta estonteante quando acontece pela primeira vez. O que uma vez pareceu tão real, agora se sente como uma ilusão. À medida que sua antiga maneira de ver a vida cai fora, você começa a se libertar da rede emaranhada do intelecto. Você se descobre cortando o galho de seus medos passados e de suas dúvidas sobre o futuro, sem fazer nenhum esforço.

Você começa a voar.

A liberdade da iluminação

Era uma vez um rei. Ele amava seu povo e costumava se disfarçar de mendigo para observar a vida de seus súditos sem ser reconhecido.

Um dia, ele viu um jovem sentado junto à fonte do parque, fitando o horizonte com um olhar de serena contemplação. Ele se dirigiu ao rapaz e lhe perguntou o que estava fazendo. Virando-se para o rei disfarçado, ele respondeu, com os olhos tão cheios de amor que o rei ficou atônito: "Estou contemplando o meu reino."

Embora esta resposta pudesse normalmente ofender o monarca – afinal de contas era o reino dele, e não do rapaz –, ele ficou tão tocado pela presença profunda do jovem que não soube como reagir. O rei virou as costas e correu para o palácio, desnorteado.

Nos dias que se seguiram, o rei sempre procurou aquele rapaz junto à fonte nos seus passeios como mendigo pela cidade. E cada vez que o encontrava, fazia a mesma pergunta, e todas as vezes era brindado com aquele semblante de paz profunda e amor inocente, e a mesma resposta enigmática: "Estou contemplando o meu reino."

Depois de muito pensar sobre o assunto, o rei concluiu que aquele jovem não era um tolo insolente, mas um grande sábio, e decidiu, então, revelar a ele sua verdadeira identidade, e convidá-lo para passar uma noite no palácio. Ele queria descobrir o segredo da iluminação daquele jovem e atingir aquela mesma experiência de liberdade interior.

Após remover seu disfarce com uma revelação floreada e triunfante de sua real identidade, o rei ficou impactado com a reação fria e desinteressada do rapaz. Sua incredulidade foi aos píncaros quando o jovem aceitou o convite para passar uma noite no palácio, mas sem o menor sinal de excitação ou gratidão.

Entretanto, contente porque o rapaz aceitou, ele o conduziu ao palácio na carruagem real e lhe ofereceu a suíte mais suntuosa como aposento. O garoto aceitou.

No dia seguinte, desejando passar mais tempo próximo ao seu manancial de sabedoria recém-descoberto, o rei convidou o jovem para ficar mais uma noite. Ele aceitou. O tempo passou, e o jovem continuou a aceitar com indiferença a generosa hospitalidade do rei. Passadas algumas semanas, o rei se sentiu movido a oferecer a ele um presente, como era de costume em casos como aquele. O rapaz aceitou as roupas finas que o rei colocou diante dele. E os alimentos importados. E as joias de ouro.

À medida que o tempo passava, o rei ia ficando impaciente. Ele deu o melhor do que tinha para o garoto, e este não havia revelado, ainda, seu segredo para o rei! Na verdade, o garoto mal dirigira ao rei algumas palavras durante aquela estadia. O soberano começou a ficar indignado. Ele começou a conjeturar se seu hóspede era mesmo um sábio ou apenas alguém querendo tirar vantagem da generosidade real. Em nome da boa educação, o rei não comunicou ao garoto as suas dúvidas, que só cresciam com o passar do tempo.

Finalmente, chegou o dia em que, cansado de esperar, e suspeitando das intenções daquele jovem, o rei decidiu confrontá-lo. Ele rumou para o aposento do rapaz, determinado a questionar se ele ainda estava contemplando o seu reino.

Ele estava convicto de que o jovem não estaria fazendo nada desse tipo – ele estaria provavelmente dormindo, ou rolando na cama!

Abrindo a porta abruptamente, com o peito estufado de orgulho, o rei avançou para o garoto para lhe fazer a pergunta. Mas, antes que tivesse tempo de falar, ele percebeu o rapaz olhando direto para ele com olhos em completa serenidade. O rapaz ergueu sua mão e disse: "Espere! Eu sei o que o senhor vai me perguntar. O senhor tem algo para me perguntar já há muito tempo, mas não vou responder. Eu quero é que o senhor ordene a seus servos que aprontem dois de seus melhores cavalos para nós. Hoje, nós iremos cavalgar."

O rei, sem estar acostumado a receber ordens, e ainda desconcertado pelo olhar intenso do rapaz, deu meia-volta, e após alguns momentos de confusão mandou selar os cavalos.

No estábulo, os dois homens montaram, e o jovem saiu em tal disparada com seu animal que o rei teve dificuldade de alcançá-lo. Em velocidade máxima, os dois galoparam lado a lado pelos vales, alcançando o outro lado da planície mais rápido do que o rei jamais conseguira. Quando os cavalos atingiram o cume de um monte, a vista de tirar o fôlego do vasto reino se estendeu diante deles, mas o garoto não deu sinais de diminuir a marcha. Ele continuou galopando para o outro lado da montanha, com o rei tentando acompanhar seu rastro.

Eles galoparam forte por horas, deixando os muros do palácio bem para trás, mas o rapaz ainda não mostrava sinais de cansaço, e o rei, não querendo parecer fraco, teve que usar de toda sua energia para continuar. Quando, finalmente, eles não tinham mais como seguir galopando, apearam e montaram um acampamento à beira da estrada, e na manhã seguinte, lá foram eles de novo, com o rapaz correndo com mais força ainda, para mais longe do palácio.

Por alguns dias, eles cavalgaram e cavalgaram, por regiões do reino que o monarca jamais havia visto. O rei ficou imaginando se algum dia eles parariam de cavalgar, mas a beleza dos campos era cativante, e ele começou a ter um prazer imenso na aventura.

Um dia, depois de algumas semanas no lombo dos cavalos, eles se depararam com uma cerca no caminho. O garoto preparou o animal para saltar sobre a cerca, mas, antes de fazê-lo, o rei gritou: "Espere! Eu não posso saltar esta cerca." O garoto olhou para trás, com seus olhos brilhando de alegria e contentamento, e ouviu o rei concluir: "Esta cerca marca o limite do meu reino", explicou o rei. "Além dela, eu nada possuo. Tudo o que eu sou está deste lado da cerca. Eu não posso continuar."

"Esta é a diferença entre você e eu", replicou o jovem, com os olhos queimando com a energia da vida. "Seu reino está limitado por esta cerca, mas o meu está no meu coração. Eu o levo para onde quer que eu vá." Com essas palavras, ele retomou o galope, ultrapassou a cerca com um salto gracioso, e desapareceu na distância.

Parte 2

O Portal Diamante

Capítulo 5

Abrindo o Portal

Incorporando as facetas em sua rotina diária

Agora você já aprendeu as quatro facetas Isha:

Louvor ao amor por este momento, em sua perfeição.
(Ponto de atenção: profundo no coração)

Graças ao amor por minha experiência humana, em sua perfeição.
(Ponto de atenção: profundo no coração)

O amor me cria em minha perfeição.
(Ponto de atenção: profundo no coração)

Om unidade.
(Ponto de atenção: subindo desde a base da coluna até o topo da cabeça)

A prática regular destas facetas, junto com outros aspectos do Sistema Isha, que exploraremos no restante deste livro, irá conduzi-lo ao amor incondicional por si mesmo. As facetas podem parecer simples, mas, quanto mais você as pratica, mais apreciará a ressonância profunda que elas produzem no interior do seu ser.

Estas quatro facetas compõem o que eu chamo de Portal Diamante. Eu chamo de Portal Diamante porque todos os humanos são como diamantes perfeitos, e nunca dois diamantes são exatamente iguais. Nossas facetas são únicas, como todos os diamantes são únicos. Eles têm formas diferentes e aparências distintas. Elas são todas individuais e perfeitas. Elas são translúcidas e irradiam apenas luz.

O centro de todos os diamantes é o mesmo. É puro amor, pura consciência. Quando a luz atinge a superfície e toca as facetas, cada uma delas exibe sua expressão única. Mas a essência, o âmago é sempre o mesmo.

Através do brilho deste Portal você descobrirá seu próprio brilho, mas *você* deve acender o fogo. Você deve acender a luz. Você deve ser responsável por si mesmo, porque só você pode encontrar a grandeza de quem você realmente é.

A estabilização do amor-consciência

Uma das coisas maravilhosas sobre estas facetas é que elas podem melhorar sua vida até o grau que você deseja. Muitas pessoas unificam apenas para aliviar o estresse, ou para desfrutar uma vida mais tranquila e agradável. Isso é bom. Mas, para aqueles que almejam algo além, este sistema proporciona um caminho extremamente direto para a expansão e estabilização do amor-consciência.

O que isso significa? Muitos de vocês podem ter experimentado momentos de absoluta plenitude, no qual sentiram que nada estava faltando em suas vidas. Isso pode ter ocorrido enquanto assistiam as crianças brincar, durante uma meditação profunda, quando estiveram entregues ao olhar da pessoa amada, ou, espontaneamente, sem qualquer razão aparente. Sempre que isso ocorre, essa experiência é normalmente tão fugaz que vai embora num instante, ainda que, ao mesmo tempo, seja tão profunda e inspiradora que lembramos dela pelo resto da vida. Se você já teve, algum dia, uma dessas experiências, muito provavelmente desejou poder sentir essa sensação de completude o tempo todo.

Isso é do que a estabilização do amor-consciência se trata. É a experiência permanente de preenchimento interior, permitindo que você viva constantemente em um estado de plenitude, não importa onde você esteja, com quem esteja, ou o que esteja fazendo. Isso é liberdade absoluta. Quando seu estado interior não depende mais dos deslocamentos de areia do mundo que o rodeia, você pode viver plenamente, sem a necessidade de controlar ou manipular o seu entorno.

Essa é a diferença entre o Sistema Isha e a meditação. A meditação o conduz a um estado de preenchimento interior, mas quando você abre os olhos, para onde foi aquela experiência? Foi embora. Esse sistema, ao contrário, lhe conduz dentro da experiência de amor-consciência, e então leva essa experiência para fora, para sua vida diária. Você descobrirá que, à medida que continuar praticando, a paz e a alegria interior ficam com você por

> ***O amor me cria em minha perfeição.***
> (Ponto de atenção: profundo no coração)

períodos cada vez maiores, permeando todos os momentos de sua vida, até que esteja sempre presente.

Ficar permanentemente no amor-consciência é ficar no silêncio. Eu o chamo de "silêncio que ruge", porque algumas vezes é tão silencioso que faz um barulho. Quando você está estabelecido no amor-consciência, mesmo no meio de muito barulho, o silêncio será a única coisa que você escuta.

O amor-consciência eclipsa o intelecto. Ele eclipsa o barulho. Ele eclipsa todas as coisas. É nesse espaço que nos tornamos testemunhas. Dentro dessa paz, a frequência de amor é encontrada.

Não há nada maior do que o amor-consciência. É a única coisa que tem algum valor verdadeiro, porque é a única coisa real. Posso ter fama, dinheiro, ser bonita, mas sem amor-consciência permanecerei como um jarro vazio; não estarei completa porque meu coração estará ansiando por algo mais. Sem o amor por si mesmo, atributos como beleza e fama, e as riquezas ilusórias, são sem valor. *Com* o amor por si mesmo, podemos brincar dentro da ilusão da dualidade como uma criança, abraçando cada aspecto.

Se nossa liberdade está baseada no que nos cerca, ela é palpável, mas inconstante. Está sempre mudando, e haverá sempre o medo da perda. Se nossa segurança estiver no amor-consciência, ela nunca muda. Está sempre presente e se expandindo infinitamente. Não pode nunca haver perda; não pode nunca haver morte. Haverá apenas um novo palco, com uma multidão de personagens diferentes representando seus papéis para nosso divertimento.

Nada é real, apenas o amor. As ilusões a que nos agarramos com tamanha ferocidade são como nuvens que se desintegram ao sol.

Dicas para a prática correta

Já tratamos da importância de unificar com os olhos fechados pelo menos uma hora por dia, mas se você quiser praticar mais que isso, vá em frente! Aproveite seu tempo livre para unificar – quanto mais você pratica, mais colherá os benefícios.

Unificar com os olhos fechados nos ajuda a nos conectarmos com a experiência de amor-consciência e começar a expandi-la. Unificar com os olhos abertos, por outro lado, nos ajuda a abraçar a perfeição do momento presente.

Toda vez que unificamos com os olhos fechados, usamos as quatro facetas por quantidades de tempo aproximadamente iguais. Se vamos unificar durante vinte minutos, por exemplo, usaremos a primeira faceta por cerca de cinco minutos, então passaremos para os cinco minutos da segunda faceta, e os cinco minutos da terceira, e, por fim, os cinco minutos da quarta faceta. Você pode medir o tempo dando uma olhada no relógio. Lembre-se de que não precisa ser exato. Essa prática nunca exige nenhum tipo de esforço físico ou mental; nem requer algum controle rígido.

Você pode se sentir mais confortável ou mais identificado com uma faceta em vez de outra. Isso é normal. Entretanto, nós sempre utilizamos todas as facetas quando praticamos com os olhos fechados – as que gostamos e as que não gostamos. Se há uma faceta que não lhe toca muito, ou talvez lhe faça sentir um pouco incomodado, isso significa que a faceta está trabalhando; está batendo de frente com um medo ou uma resistência de seu velho sistema de crenças. Nós usamos as facetas para expandir nossa consciência, não para nos sentirmos bem. Algumas vezes, a prática parecerá maravilhosa, outras vezes, não. Isso não importa – apenas continue praticando, e o que quer que esteja sendo removido irá embora. E quando aquilo tiver o deixado, você se sentirá muito melhor.

Se em algum momento você se sentir incomodado ou achar que o processo está difícil, apenas lembre: é no seu interior. É em você. Onde você for, lá estará. Esse processo irá lhe mostrar. Você pode algumas vezes não gostar do que vê, mas não pode ignorar isso para sempre. Quanto mais rápido você acolher as partes de si mesmo que rejeita, mais rápido seu desconforto será substituído pela liberdade do amor incondicional.

Então, é assim que vamos praticar as facetas em nossas vidas: nós unificamos pelo menos uma hora por dia com os olhos fechados, e sempre que lembrarmos das facetas, unificaremos com os olhos abertos. À medida que seguir praticando, as mudanças se manifestarão em cada área de sua vida.

Abordaremos agora algumas perguntas e dúvidas comuns sobre como praticar o sistema corretamente. Se algumas de suas dúvidas não forem contempladas aqui, veja o anexo I para informações sobre como receber ajuda posterior.

Caindo no sono

Se você sentir sono enquanto pratica as facetas com os olhos fechados, é perfeito. Quando unificamos, sempre criamos exatamente o que precisamos. Se seu corpo acumulou cansaço, você cairá no sono. Isso é porque o corpo está se aproveitando do relaxamento profundo conseguido na unificação para descansar e se regenerar.

Se você adormecer muitas vezes, e nunca conseguir unificar, tente se sentar em vez de ficar deitado. Se você cair no sono, mesmo sentado, o que eu posso lhe dizer? Você está precisando dormir!

Algumas vezes, atravessamos um período em que sempre que vamos unificar com os olhos fechados caímos no sono. Isso pode durar alguns dias, ou mesmo semanas, mas é uma coisa muito positiva. Quando o corpo estiver descansado o suficiente, você se sentirá mais animado e energizado como jamais se sentiu antes. Não lute contra isso – apenas lembre-se de que está se curando, e que isso passará.

Postura

Quando você estiver unificando com os olhos fechados, é importante que esteja confortável. Essa é a única regra no que diz respeito a postura. Você pode ficar sentado, reclinado, deitado, mudar de posição, se coçar... contanto que esteja confortável.

Praticar por menos de vinte minutos

Quando unificamos com os olhos fechados, é ideal fazê-lo pelo menos vinte minutos cada sessão, para poder aproveitar plenamente o nível profundo de repouso que torna a unificação tão benéfica.

Se estiver na sala de espera de um consultório médico ou num banco de táxi, ainda assim você pode fechar os olhos e unificar por alguns minutos, porém, sempre que possível, tente completar uma hora de prática diária com sessões de pelo menos vinte minutos.

Música

Quando estamos unificando com os olhos fechados, mergulhamos fundo no interior de nosso ser. Qualquer coisa que estimule os sentidos servirá apenas como distração e deve ser evitada sempre que possível. Não ouça música de espécie alguma quando estiver unificando com os olhos fechados. Por mais agradável que possa parecer, quando estamos unificando com os olhos fechados, a música desvia nossa atenção para fora, que é o oposto do que estamos tentando atingir.

Dores de cabeça

Se ficar com dor de cabeça durante ou depois da prática, certifique-se de que não está fazendo algum esforço mental. Dores de cabeça podem ser causadas pela tentativa de evitar os pensamentos que você considera negativos. Lembre-se de que esse processo não é meditação, e não exige que você limpe sua mente de pensamentos ou se concentre intensamente; nem que você controle seus pensamentos. Unificar deve ser agradável e natural para a mente.

Outra possível causa de uma dor de cabeça enquanto você unifica é a desidratação. Quando você está utilizando as facetas, o líquido em seu corpo está sendo usado para liberar toxinas, de forma que é importante beber muita água.

Dores de cabeça podem também aparecer como resultado do estresse físico que está deixando o corpo. Nesse caso, a dor passará rápido – apenas continue a unificar, bebendo água e fazendo exercício.

Pontos de atenção

Algumas vezes as pessoas têm dificuldade com os diferentes pontos de atenção das facetas. Normalmente, é porque estão praticando com esforço. Quando colocamos nossa atenção no fundo do coração, por exemplo, não precisamos visualizar uma cor ou luz particular. Nem temos que nos concentrar em nada. Nós apenas colocamos a atenção delicadamente no coração.

Os pontos de atenção abrem os centros de energia no sistema nervoso, e assim podemos vibrar em níveis cada vez mais altos de amor-consciência.

É muito importante se comprometer a praticar o sistema por pelo menos um mês. Quando nos separamos de nosso meio ambiente e criamos a ilusão de que não merecemos amor, fechamos todos os nossos centros energéticos. Estes centros são, então, tomados pelo estresse e pelas toxinas. Quando começamos a cura, esses estresses e essas toxinas são eliminados, junto com os sistemas de crença negativos que nos levaram a nos proteger do mundo exterior. Para começar a sentir energeticamente a presença do amor-consciência, todo esse lixo acumulado tem que sair, para que possamos vibrar numa frequência mais elevada. Alguns de vocês experimentarão a paz e a alegria imediatamente, mas outros estarão removendo as toxinas e curando o sistema nervoso central, e isso resultará no oposto; causará agitação da mente, e você poderá não sentir paz e alegria no início do processo. A persistência é a chave para completar o processo, e é um esforço que será recompensado. Então, sele este compromisso consigo mesmo, e dê a esse sistema a oportunidade que você merece.

Capítulo 6

Os sete componentes do Sistema Isha

Em sua totalidade, o Sistema Isha provê um método abrangente para autocura e expansão do amor-consciência. Embora nós já tenhamos abordado seus componentes ao longo do livro, iremos listá-los agora claramente, de maneira que você possa revê-los com facilidade sempre que for necessário.

1. Usando as Facetas Isha

Louvor ao amor por este momento, em sua perfeição.
(Ponto de atenção: profundo no coração)

Graças ao amor por minha experiência humana, em sua perfeição.
(Ponto de atenção: profundo no coração)

O amor me cria em minha perfeição.
(Ponto de atenção: profundo no coração)

Om unidade.
(Ponto de atenção: subindo desde a base da coluna até o topo da cabeça)

Estas quatro facetas compõem o Portal Diamante. Portais avançados são ensinados individualmente em seminários ao redor do mundo. Para mais informações, veja o anexo I.

2. Focalizando no amor-consciência

Este passo é uma consequência natural da unificação sistemática. Quando usamos as facetas e nos tornamos mais e mais habituados com a experiência de amor-consciência, descobrimos que podemos escolher aquela paz, aquele preenchimento interior, tão facilmente quanto podemos escolher pensar uma faceta. Primeiro, escolhemos pensar as facetas, e então, à medida que a experiência se expande, podemos começar a escolher focar-nos no amor-consciência. Continuamos a pensar as facetas, mas começamos a escolher trazer-nos ao momento presente, no aqui e agora. Quando estabelecemos nossa atenção na experiência de amor-consciência, começamos a viver a vida a partir das profundezas de nosso próprio silêncio interior.

Usar as facetas com os olhos abertos o ajudará enormemente neste passo. Cada vez que você pensa uma faceta, você está ancorado ao aqui e agora. Está escolhendo abraçar a perfeição do presente, em vez de escolher habitar os pensamentos costumeiros sobre passado e futuro.

Um meio prático para aplicar este passo é fechar os olhos por alguns momentos no meio das atividades diárias (exceto dirigindo!) e usar as facetas para conectar-se com o amor-consciência. Se estiver se sentindo estressado ou perdido no turbilhão de seus compromissos, apenas pare, feche os olhos e vá para dentro de si. Quando se sentir mais ancorado dentro de você mesmo, pode abrir os olhos de novo. Continue pensando as facetas e continue escolhendo este espaço. Esse exercício o ajudará a estabilizar a experiência de amor-consciência mais rapidamente em sua vida diária.

3. *Sentindo suas emoções*

Um aspecto fundamental do Sistema Isha é sentir suas emoções sem julgá-las. É bem diferente de ficar preso em dramas e sofrimentos. Por exemplo, se estamos tristes, nós nos permitimos chorar; se estamos com raiva, gritamos com a boca colada num travesseiro, socamos um saco de boxe ou um colchão, ou fazemos algum exercício físico para descarregar energia. Fazemos isso com inocência, assim como uma criancinha faria.

Uma amiga estava correndo na margem de um rio – e é um negócio muito sério correr ao longo de um rio. Todos carregam um monitor de batimentos cardíacos e o verificam a todo instante. Algumas pessoas correm com fones nos ouvidos, ouvindo música, mas a atitude da maioria é de foco total na corrida e com muita seriedade – porque exercício físico é coisa séria, como a vida é séria, e na verdade, tudo é muito sério.

De repente, uma mulherzinha engraçada cruzou o caminho da minha amiga. Verticalmente, era uma mulher pequena, mas horizontalmente ela não era pequena mesmo! Tudo o que poderia balançar ou se desconjuntar nela estava balançando e se desconjuntando. Ela olhou para minha amiga, e as duas começaram a rir. A mulher vivaz estava rindo de si mesma, e minha amiga estava rindo de ela estar rindo de si mesma. Ela estava se divertindo ao andar balançando pela margem do rio de forma cômica, e eu sei que ela transmitiu muita alegria para muitas vidas tão sérias que passavam.

Momentos depois, um ciclista rígido e carrancudo surgiu. Ele parecia incrivelmente concentrado ao pedalar sua poderosa bicicleta de corrida. Quando ele estava bem próximo de minha amiga a bicicleta bateu numa saliência e o rapaz se esborrachou no chão. O impacto foi tão chocante que se sentiu como um tremor de terra. Ele, obviamente, se machucou, ficando com os cotovelos esfolados e com os joelhos sangrando.

Eu acho divertido que a primeira reação das pessoas quando alguém sofre uma queda geralmente seja cair na risada. Não sei se nós rimos porque ficamos constrangidos por eles, ou porque ficamos felizes de não ter sido conosco. Então, a reação seguinte, especialmente das mulheres, é aquele olhar maternal de preocupação e a pergunta atônita "Você está bem?", enquanto tentamos disfarçar o fato de que estávamos rindo um momento atrás.

Mas minha amiga não teve tempo de reagir de nenhuma das duas maneiras, porque o ciclista logo se levantou do chão, como se fosse de borracha, e rapidamente checou o estado de sua preciosa bicicleta para ver se estava tudo bem com ela. Ele pareceu totalmente desligado do fato de que seus joelhos e cotovelos estavam sangrando. Ele simplesmente não demonstrou nenhuma emoção, porque, é claro, homens não choram!

Boquiaberta, minha amiga assistiu ele montar na bicicleta, que nada tinha sofrido, e pensou consigo mesma, entristecida: "Ele provavelmente terá um ataque cardíaco quando chegar aos cinquenta." Quando ela me contou essa história, imaginei como eu reagiria se tivesse caído da bicicleta dez anos atrás, quando eu também era um robô. Provavelmente, teria agido igualzinho ao pobre ciclista – eu teria fingido que, na realidade, nada havia acontecido, que tinha sido só um arranhão e que não tinha doído.

Então eu pensei sobre o que faria hoje, e tive uma visão muito clara disso. Eu me sentaria na calçada, choraria como um bebê, e imaginaria onde minha assistente estava, porque ela seria capaz de me ajudar. Então, levantaria e daria uns chutes naquela bicicleta maldita que tinha sido a causa do meu sofrimento. Então, eu provavelmente acharia graça de mim mesma e iria para casa.

Em resumo, eu teria me permitido me comportar como uma menina de quatro anos.

Algumas vezes, quando está unificando, você pode sentir uma felicidade profunda. Seus pensamentos se tornam uma melodia distante que você sequer pode transformar em palavras, quando está abrigado no cobertor quentinho de amor incondicional.

> *Lembre-se, quando pensar a faceta, de sempre deixar um espaço, para qualquer pensamento vir e passar. Não é necessário qualquer esforço físico ou mental – apenas unifique de um modo suave e relaxado.*

Em outros momentos, você pode começar se sentindo triste ou zangado, sem razão aparente. Tudo isso é parte do processo de crescimento, e não é, de forma alguma, uma razão para parar de unificar. Como eu disse anteriormente, quando focalizamos no amor-consciência, tudo que não está vibrando numa frequência elevada começa a desaparecer naturalmente. Isso inclui todas as emoções que temos aprendido a reprimir ao longo da vida.

Quantas vezes você sufocou suas lágrimas? Quantas vezes você reprimiu sua raiva por trás de um sorriso fingido? Em grande parte do mundo, os homens aprendem a não chorar, porque têm que parecer fortes, e as mulheres não devem expressar raiva – elas têm que ser dóceis e graciosas em todas as ocasiões.

Nós todos aprendemos desde muito cedo a abrir mão de nossos sentimentos, mas essas emoções reprimidas não desapareceram. Elas estão escondidas dentro de nós, fermentando lentamente, até que explodam em ataques de ira ou produzam depressões.

Quando sua experiência de amor-consciência cresce, suas emoções começam a fluir mais espontaneamente. As crianças são um ótimo exemplo disso. Elas não se aferram às suas emoções, então as emoções mudam rapidamente. As crianças estão sempre presentes em tudo.

Ao unificar, nós retornamos àquele estado de ser. Recuperamos aquele nível de consciência enquanto, ao mesmo tempo, vivemos uma vida adulta madura. É possível. De fato, é até fácil. Você verá que à medida que sua consciência se expande, você se tornará, naturalmente, mais inocente, mais espontâneo.

Como aprendemos a nos desconectar tão drasticamente de nossas emoções, quando começamos a acolhê-las de novo isso pode parecer muito incômodo. É uma experiência nova, porque não estamos mais evitando nossos sentimentos. Mas vale a pena – finalmente, seremos capazes de liberar a pressão acumulada que aquelas emoções reprimidas provocaram em nosso interior.

Algumas vezes, quando começamos a liberar nossa carga emocional represada, pensamos: "Espere um instante. Eu estou me sentindo pior do que antes! Eu não estava completamente realizada, mas pelo menos não estava chorando!" Se isso acontecer com você, acredite que não está piorando; é apenas aquela falsa máscara de sua, assim chamada, felicidade anterior se derretendo, e você começando a ser real consigo mesmo. Esse processo pode ser confrontador, mas a alegria que ele traz é genuína. É felicidade verdadeira, e nada terá o poder de arrebatá-la. Você começará a acordar feliz sem motivo e continuará a se sentir naturalmente feliz pelo resto do dia.

Se o nosso bem-estar puder ser afetado por qualquer coisa, ele é ilusório. Está baseado em nossos apegos – na aprovação das pessoas ou na maneira como as coisas a nossa volta se parecerem. Quando encontrarmos plenitude verdadeira na experiência de amor-consciência, não há medo, porque ela nunca pode ser perdida – ela é o que nós somos.

Vulnerabilidade é algo que tentamos de todas as maneiras evitar na sociedade moderna. Nós a consideramos uma palavra má. Não obstante, a força é encontrada na vulnerabilidade. Por quê? Porque quando estamos vulneráveis, estamos sendo reais. Estamos sendo transparentes e completamente honestos. Há um grande poder na vulnerabilidade, o poder da verdade.

Quando você se permite estar em sua perfeição, está dando aos outros a liberdade de fazer o mesmo. Você está apoiando todos a sua volta na própria grandeza deles, na perfeição deles.

Tudo que nós precisamos fazer é estar presentes no corpo e cem por cento vulneráveis num lugar de inocência. Quando deixamos ir embora as expectativas do intelecto e paramos de julgar nossa experiência humana, nos tornamos divinos.

4. Fazer exercício físico

Quando estamos unificando, não é apenas nossa percepção que está mudando. A alteração vibratória que ocorre quando pensamos as facetas alcança o sistema nervoso inteiro. A frequência de amor-consciência atualiza progressivamente as células do corpo.

Na presença de uma vibração elevada, qualquer vibração baixa naturalmente vai se tornando elevada. Quando isso acontece durante a unificação, tudo o que vibra numa baixa frequência dentro do corpo – como as toxinas, o estresse e a tensão física – começa a se desintegrar naturalmente.

Você pode ajudar seu corpo a remover o estresse e as toxinas que estão represados praticando algum exercício. Qualquer tipo de exercício físico é benéfico – caminhar, correr, dançar, nadar, fazer ioga –, qualquer esporte ou atividade física de que você goste. Vamos tentar fazer um mínimo de meia hora de exercício por dia.

5. Beber água

Outra maneira de ajudar o corpo em seu processo de cura é beber muita água. O corpo usa a água para eliminar as toxinas que estão sendo liberadas, e, então, durante a unificação, ele desidrata mais rapidamente que o normal. Por causa disso, é importante beber pelo menos um litro e meio de água por dia. Isso ajudará seu corpo a eliminar o estresse que está saindo. Se você não estiver acostumado a beber muita água, tente manter uma garrafa em sua mesa de trabalho ou mesa de cabeceira, e beba da garrafa cada vez que se lembrar. De qualquer forma, você perceberá que seu corpo, naturalmente, começa a pedir água, e começará a sentir mais sede quando se tornar mais atento às necessidades dele.

6. Ser real

À medida que o processo de cura se desdobra e os medos do passado se dissolvem, as máscaras que anteriormente encobriam aqueles medos e os padrões de comportamento que nós adotamos para defendê-los começam a se dissolver também.

Tornamo-nos plenamente conscientes de nós mesmos, percebendo a nós mesmos e aos que estão a nossa volta com uma honestidade transparente. Clareza e sinceridade aumentam em nossos relacionamentos pessoais, pois quando nos abrimos para nós mesmos, abraçamos o mundo com uma inocência radiante.

O exemplo a seguir ajudará a explicar o processo de autoaceitação que ocorre quando nos tornamos mais autênticos:

Imagine que você é uma maçã com uma casca brilhante e macia. Sua casca é reluzente e linda para os olhos do mundo.

Você está pensando a faceta?
Permita-se sentir suas emoções.

A casca reluzente é como as personalidades que nós apresentamos para o mundo. Nossas personalidades são essencialmente máscaras que vestimos para representar ideais de como pensamos que deveríamos nos comportar e do que pensamos que deveríamos fazer. Esses ideais nos falam que deveríamos ser pessoas boas, que não deveríamos nos enraivecer, que deveríamos ter sucesso, que deveríamos ser pais amorosos. Eles nos fornecem um bilhão de pretensões de como deveríamos ser.

Caminhamos pela vida pretendendo ser esses ideais. Mantemos nossa superfície polida, mas o âmago – a essência de quem somos – tem uma grande larva se movendo dentro dela. Essa larva foi alimentada pela raiva, pela depressão, pela perda do espírito e pelo autoabandono.

Para tornar a superfície da maçã verdadeiramente brilhante, verdadeiramente luminosa, temos que ir até o interior e remover o que não é real: a larva grande e feia que tem se espalhado pelo nosso subconsciente, bloqueando a luz do amor incondicional que brilha desde nossa essência.

As facetas chegam e começam a dissolver essa larva. Elas a destroem em pedacinhos. Quando as partes mortas vêm à superfície, somos levados a enxergar as mentiras que vínhamos contando para nós mesmos e para o mundo. Nós vemos as máscaras que usávamos. Ouvimos as vozes que nos aprisionam nas limitações. Começamos a nos tornar conscientes de nós mesmos, e, ao mesmo tempo, nos tornamos conscientes do que nós não somos.

A essência ou o âmago de quem somos é o amor-consciência, que é ilimitado, um amor que nunca muda. Quando a consciência de nossa essência se expande, o que nós *não somos* se torna muito claro; nós nos permitimos perceber isso e enxergar além disso. Nós nos permitimos ser aquelas larvas que estão presas em nosso lindo coração e, então, as expelimos. Expelimos cada parte que não nos serve.

Então, o amor de nosso coração, que antes era ocultado pela larva, começa a brilhar de novo. A polpa da maçã está limpa e tudo se torna inteiro e completo. A superfície assume uma nova luz brilhante – que é verdadeira e natural – porque abraçou todos os aspectos de si mesmo. Abraçou todas as partes que não queria ver.

Para sermos divinos, temos que estar dispostos a ser cem por cento humanos. Temos que estar dispostos a abraçar todos os aspectos de nós mesmos que costumamos julgar.

Precisamos abraçar a cobiça. Precisamos abraçar o medo. Precisamos abraçar o ciúme. Precisamos abraçar a raiva. Precisamos abraçar o egoísmo. Precisamos abraçar cada parte que estávamos escondendo por trás da casca falsamente brilhante da maçã, para que possamos nos tornar inteiros e completos.

Uma pessoa experimentando amor-consciência não é uma "fazedora do bem." Uma pessoa consciente não é alguém que se doa desmedidamente para receber aprovação. Uma pessoa consciente não é alguém que abre mão de sua grandeza para se adaptar. Uma pessoa consciente não é alguém que é arrogante, orgulhosa ou que mascara um monte de coisas que percebe como pecado. Uma pessoa consciente é apenas uma criança inocente que vive cem por cento cada momento, dando amor para si mesma e para todos a seu redor, a quem ela também reconhece como sendo eu. Este é o "eu" da unidade. Este é o "eu" do amor. Este é o "eu" da iluminação.

O "eu" da personalidade, ou "ego", é apenas a larva balofa que esteve rastejando por aí, mastigando a polpa e impedindo a luz de emanar do coração. É também muito importante que nós amemos a larva, porque ela também é amor.

7. Falar a sua verdade

Na sociedade de hoje, aprendemos a mentir o tempo todo. Mentimos para agradar aos outros e receber sua aprovação.

Mentimos para nos defender, para esconder as partes de nós mesmos que aprendemos a enxergar como erradas ou inadequadas. Pensamos: "É só uma mentirinha", mas há centenas delas em nossas vidas! Nosso maior medo é não receber aprovação. Esse medo é muito potente porque queremos desesperadamente ser amados.

Quando começamos a jornada de volta para casa, para nós mesmos, começamos a falar nossa verdade. No começo, algumas vezes você conseguirá, mas em outras, não. Frequentemente, você terá muito medo de falar a verdade, mas é necessário se empenhar mais e mais em ser real, para se firmar em seu próprio poder. Para fazer isso, você deve se ancorar numa esfera de paz e estabilidade – no amor-consciência. O amor-consciência puro está tão ancorado no amor incondicional, tão completo dentro de si mesmo, que não transige com o mundo de fora. Ele não tem medo de perder nada externo, porque sabe que isso é uma ilusão.

Sempre que mentimos, nos abandonamos; não estamos nos amando. Sempre que nos camuflamos, com a intenção de receber amor, estamos separados de nós mesmos. Ao falarmos nossa verdade, por outro lado, nunca transigimos na busca de aprovação de fora.

A verdade é como um músculo, o músculo do coração. Quanto mais você o flexiona ao falar a verdade, mais forte se tornará sua capacidade de ser verdadeiro. A verdade desenvolve uma energia que se impulsiona para fora, a energia do coração.

> *Lembre-se de pensar a faceta:*
>
> *O poder está neste momento.*

O importante é estar disposto a ser humano, ser transparente e atravessar seus medos – por exemplo, o medo de perder a aprovação das outras pessoas. Então, o músculo da verdade começa a se desenvolver com uma grande força.

Mas isso é um processo. Não se trata de ser rígido. Em todos os momentos, se obrigue a ser mais verdadeiro consigo mesmo. Não é fácil. É até bem difícil, porque durante toda a vida fizemos exatamente o oposto.

Darei um exemplo. Quando eu era criança, minha tia Leslie veio nos visitar. Ela trouxe um prato especial de galinha feito por ela. Até hoje não sei o que ela colocou naquela comida, mas tinha um gosto de borracha, como se tivesse gelatina, e eu achei aquele prato horrível. Quando ela estava indo embora, minha mãe disse: "Querida, a tia Leslie está indo embora, mas certamente voltará e vai trazer outra galinha deliciosa como essa!" Tia Leslie sorria para mim, com seus olhos cheios de amor, quando eu instantaneamente respondi sem pensar: "Arrghh, eu detestei esse prato!" Minha mãe me fulminou com o olhar, e eu tentei consertar o que havia dito com uma mentira. Eu lembro de ter pensado, mais tarde, sobre como a vida é contraditória. Minha mãe sempre dizia que eu nunca deveria mentir, mas quando eu disse a verdade, ela me olhou como se quisesse me matar. Ficou claro naquele momento que, de acordo com minha mãe, não era que eu *nunca* deveria mentir, mas que eu deveria aprender quando era preciso fazê-lo.

Como adultos, falar a verdade é uma das coisas mais difíceis, porque sempre pensamos que há alguma coisa errada conosco – e que se nos mostrarmos exatamente como somos, seremos rejeitados ou julgados pelos que nos cercam. Então, nos adequamos à opinião geral para não destoarmos, mesmo se isso implicar em renunciar à nossa verdade. Quando você expandir sua consciência, verá que, ao procurar amor do lado de fora, em vez de se ancorar dentro, você estará separado de si mesmo.

Quando você fala inverdades para que as pessoas o aceitem, como forma de não contrariar ninguém ou de evitar problemas, ou quando mede suas palavras cuidadosamente antes de se expressar, você se aparta de si mesmo.

Quando olho para este mundo, vejo inúmeras situações nas quais as pessoas pensam que é razoável mentir, porque este tem sido seu jeito de viver por muito tempo. Quando a consciência emerge, isso acontecerá menos e menos, porque as mentiras são fundamentadas no medo. Sentimos a necessidade de mentir quando estamos tentando proteger alguma coisa, quando percebemos a falta de alguma coisa, ou quando sentimos a necessidade de defender nossa imagem. Todas essas coisas são ilusórias, e elas estão começando a mudar.

Então, como aprendemos a falar nossa verdade de uma maneira delicada, e não tão reativa como foi minha resposta à tia Leslie? Como falaremos nossa verdade quando ela puder magoar alguém ou ameaçar nossa própria estabilidade? Uma colega me presenteou, recentemente, com alguns cenários hipotéticos sobre este tema:

Se você fosse uma mãe solteira sustentando com dificuldade três filhos pequenos e discordasse de seu patrão na gestão da empresa, você o faria saber disso, mesmo sabendo que poderia ser mandada embora e que seria muito difícil conseguir um novo emprego, colocando, assim, em risco a felicidade e até mesmo a sobrevivência de seus filhos?

Se seu amado passasse dez anos escrevendo um romance e, finalmente, lhe deixasse lê-lo, e você achasse o livro uma droga, você lhe diria?

Eu considero essas perguntas muito válidas. Quando começamos a falar nossa verdade e expandir o amor-consciência, não nos transformamos em pessoas duras e brutas. Pelo contrário, sentimos amor e compaixão por todos a nosso redor. As coisas que costumavam nos aborrecer não nos perturbam mais daquela antiga forma. Nós tendemos a falar a partir do coração. Mentir para as pessoas não as beneficia; não lhes dá uma oportunidade de crescer. Mas quando falamos com o coração e mostramos como realmente nos sentimos, no começo as pessoas podem ficar magoadas, mas normalmente essas verdades levam ao crescimento, a uma maior aceitação, e a mais oportunidades. Quando as pessoas transigem com suas verdades, elas produzem mais transigência, ressentimento e desilusão. Quando as pessoas se firmam na verdade, a partir do amor, elas produzem mais amor. Quando sonegamos a nossa verdade, nossa reação costuma ser fruto da carência ou do sentimento de vítima; no entanto, quando expandimos nossa consciência, começamos a criar as coisas das quais realmente necessitamos em nossas vidas.

Então, no exemplo da mãe solteira sustentando seus filhos, estar nessa situação difícil não significa que ela se permitiria ser tratada como um capacho ou que não pudesse criar algo novo. Uma vez que estivesse amando a si mesma incondicionalmente, ela enxergaria que é uma criadora poderosa, capaz de realizar exatamente o que precisa. Ela perceberia que o patrão poderia estar aberto para ouvir sua opinião, e que a honestidade não necessariamente a levaria a ser demitida.

No exemplo do namorado que escreveu um romance ruim, pronunciar um elogio falso não daria a ele a oportunidade de melhorar a si mesmo e seu livro, e apenas fortaleceria as limitações dele. Em vez de elogiar, a namorada poderia, de forma compassiva e construtiva, oferecer algumas sugestões concretas para melhorar o romance. Se ela falar a partir do amor, seu amado com certeza perceberá e acatará suas sugestões sem hesitar.

Eu tenho muita sorte porque as pessoas que me cercam são honestas. Já escrevi textos que eram, no mínimo, medíocres, mas por estar aberta a ouvir opiniões e receber ajuda de pessoas com mais experiência fui capaz de criar algumas coisas excepcionais. Falar a verdade credencia as pessoas a assumir o poder delas. Permite às pessoas ir além da mediocridade. Mas isso começa com você.

Capítulo 7

Estendendo suas asas

Os efeitos transformadores de uma vida em unidade

À medida que o amor-consciência se expande, alguns traços começam a se destacar naturalmente dentro de nós. Ao identificar esses traços e segui-los como guias no caminho, podemos nos tornar mais conscientes das vezes em que ainda escolhemos o padrão do medo, e descobrirmos a maneira de chegar mais perto da liberdade interior.

O comportamento iluminado não segue um código moral rígido ou um modelo ético, mas escolhe naturalmente aquelas ações que vibram no amor-consciência, no amor. Amor-consciência é amor. A única coisa que faz – a única coisa que ele *pode* fazer – é dar amor.

As virtudes que tentamos incorporar para nos tornarmos bons cidadãos vêm naturalmente com a iluminação. A iluminação não rouba a loja da esquina. A iluminação sempre age com os outros como ela gostaria que os outros agissem com ela, de um lugar de amor. A iluminação não vai para a guerra – ela não consideraria nada mais absurdo do que matar os outros, quanto mais matar a si mesma.

A iluminação nunca abandona a si mesma ao não falar a verdade. Ela sempre age de um lugar de consciência e integridade.

Os humanos são escassos em integridade. Requer muita grandeza permanecer em integridade diante da corrupção da sociedade de hoje. Mentimos constantemente, usamos disfarces sociais, declaramos guerras, roubamos, manipulamos nossos amados para receber o que queremos, seduzimos, negamos nossa própria verdade para agradar aos outros, dizemos "sim" quando queremos dizer "não". Eu não estou afirmando que há algo inerentemente errado com esses atos, mas precisamos discernir entre o que nos serve e traz felicidade e o que nos traz ressentimentos, mágoas e sofrimentos. É simples assim.

As pessoas tentam ignorar, com frequência, a verdade dentro de si mesmas, polindo a casca da maçã para aparentar perfeição, enquanto o coração, lá dentro, está podre. Isso é integridade? Não. É abandonar a si mesmo. É o que provoca doença, depressão, baixa autoestima e separação de si e dos outros.

Todos nós temos partes de nós mesmos que julgamos. Todos nós temos segredos, coisas que pensamos que fizemos errado, que reprovamos em nós. Tudo isso é lixo. Não é verdade. Você nunca fez nada errado. Nunca. Você está apenas vivendo uma experiência, e pode fazer coisas novas a cada momento. Apenas diga para si mesmo: "Eu não gostei daquela escolha. Agora, vou fazer uma nova."

Pense uma faceta e perceba onde você está abandonando a si mesmo.

Encontrando o amor na presença das enfermidades

Por causa do efeito poderoso que tem sobre o corpo, esse sistema traz alguns resultados fenomenais, como a cura de doenças. Testemunhei incontáveis casos de alívio imediato e permanente de insônia, enxaqueca, depressão, pânico e muitos outros problemas relacionados ao estresse. Também vi pessoas se livrarem de enfermidades supostamente incuráveis.

Entretanto, esse sistema não deve ser usado como substituto para o tratamento médico normal. Embora a redução do estresse que acontece por meio da unificação traga reconhecidamente grandes mudanças no nível físico, a expansão do amor-consciência não é um milagre que cura todas as doenças. Eu também testemunhei pessoas que morreram depois de aprenderem esse sistema, mas elas morreram com muito mais paz e muito menos medo. O Sistema Isha não elimina obrigatoriamente as enfermidades. Pode ou não eliminá-las. Algumas pessoas ficam curadas com a prática, outras não.

Doença não é sempre uma coisa má. Ela pode servir como um chamado para despertar. Algumas vezes, um encontro próximo com a morte pode provocar uma profunda guinada em nossa percepção da existência. O livro de Paulo Coelho, *Veronika Decide Morrer*, demonstra isso de uma forma bonita. Ele conta a história de uma jovem que é informada de que vai morrer. Ao saber disso, ainda que mais tarde descubra não ser verdade, ela reencontra a magia de viver.

Nós nunca entenderemos completamente por que as coisas acontecem, por que as pessoas têm experiências diferentes, ou por que as pessoas tocam umas às outras de modos diferentes, no hospital, ou talvez apenas na fila do supermercado. As coisas acontecem por motivos diferentes.

Como podemos encontrar amor na presença das enfermidades? Ao vivermos perfeitamente o momento e ao expressarmos o que está acontecendo dentro de nós. Sendo vulneráveis e sensíveis, e não assumindo o pior, acolhendo cada segundo, e descobrindo a magia e o amor ao fazer isto.

Abrace o amor que o rodeia agora. Se você focalizar no que pensa que irá perder, você eclipsa a luz do presente com a sombra de um momento futuro. A inocência é sempre a mesma. Se nós formos inocentes, nunca há nada errado no momento presente. Podemos escolher amor ou medo. Podemos escolher abraçar a beleza do que temos ou escolher focalizar no que supostamente estamos perdendo.

Aqui está a história de uma mulher que pratica o Sistema Isha e como ela mudou sua percepção da doença.

> Sofri de artrite reumatoide nos últimos quatro anos. Passei dois anos na cama; as dores agudas que atravessavam meu corpo eram insuportáveis. Eu me sentia só e deprimida, sem poder entender por que aquilo estava acontecendo comigo – eu tinha apenas vinte e cinco anos, com uma filhinha ainda bebê para cuidar. Com a prática do Sistema Isha, me sinto melhor com mais frequência, e quando pratico eu consigo caminhar. Um dia me senti tão bem que a primeira coisa que eu quis fazer foi sair de casa e tomar um ar fresco. Peguei minha bengala e saí para a rua. Quando voltei, eu havia andado mais de três quilômetros com minha bengala pousada sobre um dos ombros.
>
> Agora, quando a dor vem, não me sinto mais deprimida, porque aprendi a seguir em frente. Hoje, eu continuo praticando o Sistema Isha porque estou comprometida com minha cura por inteiro. Eu me desembaracei do medo de parecer estúpida e de expressar minhas emoções na frente

> dos outros. Descobri como tenho valor e como o meu ser é grande, a ponto de agora eu dar graças por minha enfermidade – foi uma artrite que me fez encontrar o Sistema, o passaporte para minha própria sabedoria interior que hoje me permite escolher o amor, em vez do medo.

Você pode encontrar alegria no meio das circunstâncias mais terríveis, se você focalizar no amor. É onde a inocência está. Inocência é uma escolha que você pode fazer a cada momento. É a escolha do amor.

Remover suas máscaras

Na sociedade moderna, aprendemos a nos ocultar por trás de máscaras sociais do que consideramos ser o comportamento correto em cada situação. Ignoramos constantemente o que estamos sentindo ou pensando a fim de receber a aprovação dos que nos rodeiam.

Fingimos o tempo todo para obter aceitação dos outros, mas a ironia é que todos estão fazendo exatamente a mesma coisa – todo mundo está fingindo também. Pensamos que estamos fazendo um grande trabalho de convencer todo mundo que "Eu gosto muito de você – você é demais!", quando, no fundo, estamos pensando: "Como eu a odeio! Nunca mais quero ver essa pessoa na minha frente!" Na realidade, não estamos enganando ninguém – as pessoas podem ver através dos nossos atos, porque elas estão jogando o mesmo jogo!

É preciso coragem para abandonar suas máscaras, mas, surpreendentemente, quando você finalmente o fizer, receberá mais aceitação do que jamais recebeu anteriormente, porque estará aceitando a si mesmo.

Uma das armadilhas no caminho da autorrealização é a adoção de uma máscara "espiritual" que substitua as velhas máscaras que aprendemos com a sociedade. Adotamos a ideia do intelecto de como uma pessoa espiritual deve parecer e criamos um *ego espiritual*. Então, por causa de nossa aparência externa, nossos hábitos alimentares, nossas longas horas de prática ou nossos muitos seguidores, nos imaginamos num lugar de iluminação, quando, de fato, não estamos. Então, criamos novos arquivos de ideias e modelos sobre como devemos nos comportar, baseados, curiosamente, nos ensinamentos que foram designados para quebrar nossos arquivos!

Plenitude absoluta, ou iluminação, não tem um arquivo. É totalmente ilimitada – e se mantêm expandindo e expandindo, eternamente.

Esse sistema leva sua atenção de volta para seu próprio coração. À medida que o usar, você descobrirá que ele remove tudo o que não é real. Ele tira o poder da raiz do sofrimento e coloca em seu lugar amor-consciência. Até que tenhamos destruído a raiz de nosso sofrimento, estamos apenas encobrindo o sofrimento com nossas máscaras sociais.

Para nos comportarmos verdadeiramente como Jesus, por exemplo, você tem que ser Jesus. De nada serve seguir apenas um pacote de regras, porque essas regras não surgiram de sua experiência. Você está apenas cumprindo um papel, sendo um personagem, mas este personagem não é você. Para ser divino, você tem que se permitir ser absolutamente humano. Para ser divino, você tem que se *tornar* as facetas de Isha. Para ser completo, você tem que se elevar acima da *matrix* da mente.

Nossas máscaras nos fazem nos sentirmos seguros e confortáveis, mas o conforto é uma das maiores causas de nosso descontentamento. Achamos que nossas máscaras e o conforto nos fazem felizes, mas, na verdade, paralisam nosso crescimento como indivíduos, nos deixando sufocados e insatisfeitos. Nossas máscaras nos tornam rígidos e estáticos. Elas sugam a espontaneidade, a flexibilidade e o desenvolvimento da vida. O aspecto mais grandioso da experiência humana é a evolução, tornar-se mais – mais excelente e, em última instância, mais amor. Até que venhamos a arrancar nossas máscaras e disfarces sociais, não podemos evoluir verdadeiramente.

Gosto de assistir aos peões adestrando seus cavalos. Eles sempre levam os cavalos a evoluir, a ir além de seus limites. Eles nunca permitem que os animais se acomodem em seus medos. Eu me lembro de ter assistido a um deles tentando levar com paciência uma potranca até o mar. No princípio, ela estava com medo. Ela se recusava a ir até a água. O oceano é enorme – ela nunca havia visto algo como aquilo antes, e estava com muito medo. Mas o peão foi insistindo com muita habilidade, insistindo, até que ela entrou. Ela fincou uma pata e começou a bater com ela na água, tentando entender o que era aquilo. Então, finalmente, entrou na água com as quatro patas e, logo, o mar perdeu sua aura de pavor e se tornou um brinquedo para ela. A água se transformou em seu pátio de diversões. Ela se soltou e dançou, colocando sua cabeça na água e jogando água para cima. Foi uma delícia, para a potranca e para os que assistiam à cena.

Isso é normalmente o que acontece na vida. Percebemos alguma coisa nova como perigosa, mas, se nos lançarmos na experiência, mergulhando nas profundezas do desconhecido, encontraremos muitos novos e maravilhosos pátios de diversões.

Isso é o que significa ser ilimitado, estar aberto para receber. Quando colocamos abaixo nossas muralhas, abrindo nossas mentes e permitindo a nossos corações se aventurarem pelo desconhecido, esta criação chamada vida se transforma no maior parque temático da existência. É na incerteza do desconhecido que realmente começamos a viver. Em nossa zona de conforto, só nos tornamos estagnados, gordos e entediados. Até atravessarmos nossos medos, nunca saberemos que prazeres nos aguardam do outro lado.

A história a seguir de uma aluna do Sistema Isha, que é agora uma das mestras treinadas por Isha para ensinar o seu sistema, ilustra perfeitamente a liberdade que decorre de arrancarmos nossas máscaras:

> Comecei a viver aos quarenta anos. Até então, eu existia no piloto automático, cumprindo as funções que haviam sido determinadas para mim, por minha família, pela sociedade em que vivia, e também pelas crenças que incorporei sobre como deveria ser a vida para uma mulher desta época.
>
> Eu havia compreendido socialmente que, para ser completa, eu teria que ser casada, ter filhos, me formar na universidade, ter uma carreira bem-sucedida e uma vida social. Eu presumia que seria capaz de manter tudo isso em perfeita harmonia, sem me queixar.
>
> Porém, meu desejo de me adaptar a todas essas expectativas foi acompanhado por uma carga emocional profunda. Desde a infância, eu havia tentado desesperadamente receber aceitação de todos à minha volta, e, para obtê-la, eu era capaz de fazer grandes concessões. O tempo converteu essas tendências em hábitos subconscientes. Por exemplo, aprendi que, para ser amada e aceita, nunca deveria chorar ou ser ciumenta. Outro hábito que eu incorporei foi mentir compulsivamente, para parecer uma pessoa mais interessante.

Até a idade de quarenta anos, vivi seguramente com a ilusão de que era bem-sucedida cumprindo minhas responsabilidades e me inserindo confortavelmente na sociedade em que vivia. Eu tinha três filhos com meu marido, e nossa vida matrimonial era um sonho de paz, sem lágrimas nem ciúmes. Tendo chegado ao topo na minha profissão, treinando professores de matemática na universidade, eu tinha também uma vida social intensa, pelo fato de meu marido ser militar. Meus dias eram agitados, e era uma batalha constante manter tudo em ordem. Mas, dentro de todos esses afazeres, eu havia perdido a noção de quem eu era e do que realmente queria.

Então, tudo mudou. Recebi um enorme chamado para despertar, como se, de repente, a luz tivesse sido acesa e as áreas da minha vida que estavam nas sombras viessem à superfície. Descobri a infidelidade de meu marido com uma amiga muito próxima de nós. Quando o caso foi descoberto, ele reagiu com uma inocência surpreendente, me dizendo que esse tipo de coisa vinha acontecendo durante todos os dezoito anos de nosso casamento, como se tivesse sido uma parte normal de nossas vidas. Ele me expôs, carinhosamente, como se fala com uma menininha, que os casos que teve nesse período não haviam afetado nossa paz conjugal em nenhum aspecto – porque, felizmente, eu não era do tipo ciumenta.

Fiquei em estado de choque por um bom tempo. Então, comecei várias terapias para tentar conviver com minha nova realidade. Comecei a questionar um monte de coisas, a me colocar perguntas importantes que nunca havia feito anteriormente: *O que quero da minha vida? Para que estou vivendo? O que quero conquistar para ter a sensação de que a vida vale a pena?*

Eu me tornei consciente das máscaras que usei por tanto tempo. *Caiu a ficha* para mim que o homem com quem eu passara os últimos dezoito anos era um completo estranho, como eram meus pais, meus irmãos e até meus filhos. E eu também era uma completa estranha para todos eles, e, pior que tudo, era uma estranha para mim mesma. Mas eu não era a única mascarada. Nós todos éramos. Nossas máscaras eram tão elaboradas que até elas nos enganaram.

Eu comecei a descobrir que aquilo que víamos na superfície da vida não era a realidade, que devia haver alguma coisa essencial que unisse a nós todos, alguma coisa infinita e maravilhosa que, por alguma razão, nos ensinaram que deveria permanecer escondida e protegida. Esconder e proteger eram as razões pelas quais nós usávamos as máscaras. Naquele momento, percebi que tinha que descobrir o que era aquela "alguma coisa". Foi então que comecei a busca por minha essência.

Comecei questionando as muitas áreas da minha vida. Foi quando descobri que não era realizada na profissão. Eu estava treinando pessoas que não tinham a mínima vocação para ensinar matemática, e estavam ali apenas porque era a única opção de educação superior que lhes restava. Pensei comigo mesma: "Estas pessoas são as que irão ensinar matemática para nossos jovens? Agora entendo por que as crianças odeiam tanto a matemática!" Larguei meu emprego.

Então, me voltei para meu corpo. Percebi que estava com excesso de peso. Eu tinha depósitos de cálcio nas articulações e sofria muitas dores. Descobri que, apesar de um permanente tratamento convencional, minha saúde estava bastante deteriorada. Comecei, então, a buscar soluções na medicina alternativa, na homeopatia, e me tornei vegetariana.

Essas mudanças em minha vida diária foram conduzidas por minha busca interior. Passei por muitas práticas espirituais, como a metafísica cristã, o método Silva de controle da mente e os ensinamentos de Marla, do México. Também aprendi meditação, ioga, tai-chi e muitas outras práticas.

Sete anos depois de ter descoberto a infidelidade conjugal de meu marido, perguntei a mim mesma se eu queria viver minha velhice com alguém que não compartilhava mais de nenhum de meus interesses. Àquela altura, a única coisa que eu compartilhava com ele eram as obrigações familiares. Os novos caminhos que eu começara a explorar me levaram a descobrir que tínhamos muito pouca coisa em comum. Nem sequer comíamos as mesmas coisas. A resposta para meu questionamento foi um enfático "NÃO!", e eu parti para o divórcio.

Minha busca continuou, mas comecei a sentir os efeitos da idade. Ainda tinha depósitos de cálcio em minhas juntas, e embora a situação não tivesse piorado, o cálcio limitava minha mobilidade. Experimentei a meditação zen, mas foi impossível manter a posição necessária para a prática. Todas as disciplinas tinham exigências posturais que eu não podia cumprir. Por exemplo, eu não conseguia sentar numa posição de lótus ou manter minhas costas eretas por longos períodos.

Aprendi reiki e outras técnicas de cura natural, de que gostei imensamente como um meio de ajudar as pessoas, mas eu ainda continuava em busca de minha essência. Quando completei 60 anos, já havia passado vinte anos buscando e ainda me sentia longe da meta.

Comecei, então, a perder a esperança de algum dia encontrar o que estava procurando. Finalmente, encontrei refúgio no livro *Um Curso de Milagres*. O único problema é que eu não o entendia! Ainda que o texto fosse pesado demais para mim, pratiquei os exercícios regularmente.

Decidi, porém, que não iria fazer mais cursos nessa área, pois o próprio livro dizia que, para que eu pudesse entendê-lo, a única exigência era "boa intenção, e o Espírito Santo lhe ajudará a compreender". Então, parei de fazer qualquer curso onde alguém tentasse me explicar o que o Espírito Santo queria que eu entendesse. Nesse caminho, se foram mais três anos, e a cada dia eu piorava fisicamente, caindo mais fundo na armadilha de minha inércia mental.

O Sistema Isha chegou em minha vida de uma maneira indireta e inesperada. Uma de minhas sobrinhas estava morando comigo. Ela andava muito deprimida, até que um terapeuta lhe recomendou que aprendesse o Sistema Isha. As mudanças nela foram rápidas e palpáveis. O sistema curou sua insônia e seu mau humor tão depressa que dezesseis pessoas de nossa família, incluindo eu mesma, nos inscrevemos no próximo curso que seria ministrado em nossa cidade.

A primeira surpresa que eu tive no curso foi muito agradável: as facetas eram muito fáceis de praticar! Elas não exigiam posturas difíceis, e a única maneira de fazê-las errado era não fazê-las. Naquele momento, descobri que em todos os caminhos espirituais que havia trilhado eu sempre tinha a impressão de que estava fazendo errado, mesmo excluindo as posturas difíceis. Tudo para mim havia sido muito complicado, e o medo de cometer um erro inibia meu progresso. Era maravilhosamente libertador encontrar um sistema tão simples, e mesmo assim tão profundo em termos de experiência. Que alívio!

Eu tinha sessenta e dois anos quando aprendi o Sistema Isha. Se a procura pelo significado de minha vida começou quando eu tinha quarenta, o encontro com aquele significado começou aos sessenta e dois.

Quanto mais fundo eu mergulhava na prática, mais eu descobria que enquanto caminhava pelo mundo espiritual apenas trocava um sistema de crenças por outro. Aos meus sentimentos reprimidos de tristeza e ciúme eu havia acrescentado a raiva à lista das emoções inaceitáveis, uma vez que tinha entendido erroneamente que uma pessoa espiritual não fica zangada, mas deve perdoar a todos sem ressalvas.

Havia se tornado claro para mim que meu repertório de sistemas de crenças era ainda mais rígido, ainda mais meticuloso, sufocante e consumidor de tempo do que o que eu tinha antes de me tornar "espiritual". Tudo na minha vida havia sido completamente coberto por minhas crenças, desde o que eu podia comer até a direção da minha cama, passando pela música que eu ouvia, os cheiros que perfumavam minha casa e as cores das roupas que eu usava em cada dia da semana. Eu havia saído de uma casa de detenção e ingressado num presídio de segurança máxima. A rigidez havia feito de mim uma pessoa ainda mais severa com os erros dos outros, julgando-os do alto de meu pedestal moralista. Mas o Sistema Isha me libertou rapidamente dessa prisão, me mostrando a porta para a liberdade absoluta.

Após alguns meses de prática intensa, me senti apta a fazer os exercícios de ioga que antes eu era incapaz de fazer. Meu corpo se tornou muito mais ágil e flexível.

Eu me submeti à prática das facetas da maneira que Isha recomenda. Abandonei as práticas que havia adotado anteriormente, incluindo uma rígida dieta, o uso da aromaterapia, música de meditação, e deixei de colocar a cabeça em uma determinada direção quando estava em minhas práticas espirituais.

Minhas emoções reprimidas começaram a vir à tona. O rio de lágrimas que eu acumulara durante décadas começou a fluir torrencialmente. Memórias acompanharam a chegada à superfície do ciúme, da raiva e de outros sentimentos que eu tentara enterrar, e permiti a mim mesma senti-los, e, logo, passar por eles.

A necessidade de aprovação estava ainda muito forte em mim. Muito embora eu tivesse começado a descobrir que meu hábito de mentir e inventar histórias tinha sua origem no medo, continuei a fazê-lo. Uma de minhas histórias fabricadas era a de um romance imaginário que eu garantia ter vivido quando tinha quarenta e oito anos, com um rapaz de vinte e quatro. Nessa história, peguei um pedacinho de verdade e acrescentei uma enorme dose de fantasia. O romance incluía episódios que encantavam minhas amigas.

À medida que ia me curando, me tornava cada vez mais incomodada por não falar a verdade. Quando admiti, finalmente, que aquele caso amoroso nunca existiu, uma das minhas amigas ficou muito zangada comigo. Todavia, ao confrontar sua desaprovação, fui capaz de curar minha própria carência de aprovação. Valeu a pena.

Depois de um ano praticando o Sistema Isha, olhei para trás e fiquei espantada ao constatar as mudanças que me aconteceram. Eu não compreendia como uma coisa tão simples poderia funcionar tão bem. Eu praticara ioga, tai-chi e meditação, e passara a ter uma alimentação saudável. Havia seguido também uma receita da medicina quântica. Porém, enquanto essas tentativas haviam sido apenas parcialmente eficazes, este sistema representou uma cura integral para minha vida. Os depósitos de cálcio em minhas juntas se desfizeram totalmente, e eu podia agora dobrar e mover minhas mãos e meus pés. Consegui emagrecer doze quilos, e, agora, oito anos depois, ainda não os ganhei de volta. Pude sentir minhas emoções sem julgá-las, e a cada dia eu me tornava mais "real". Eu havia arrancado muitas máscaras e revelado as mentiras de minhas histórias. Cada disfarce que caía e cada segredo que eu revelava me libertavam ainda mais. Agora, minha alegria genuína não oculta mais tristeza alguma.

Mas, embora estes ganhos físicos e emocionais, em si próprios, já fossem suficientes para considerar o Sistema Isha valioso, meu ganho maior foi a paz inabalável que se consolidou mais e mais dentro de mim. Eu vivo todos os dias no momento presente. Não estou mais apegada a nada do passado, e sempre que percebo alguma coisa a que estou apegada, consigo logo soltar. Ainda gosto de viver em ambientes confortáveis, porém, minha felicidade não depende mais deles. Eu também não estou preocupada com o futuro. Agora, me sinto como uma criadora e não mais como uma vítima. Sei que cada situação que chega à minha vida é um presente para meu crescimento.

No retorno ao mundo que eu tive que deixar para trás, a primeira coisa que fiz foi abrir o livro *Um Curso de Milagres* aleatoriamente. Comecei a ler na página que se abriu e fui capaz de entendê-lo. Então, pensei: "Talvez essa página seja das mais fáceis." Então, repeti o processo por várias vezes. Estava tudo tão claro, ali! Pude constatar o que ouvi Isha dizer, que seu sistema nos traria o entendimento das experiências de que mestres como Jesus um dia falaram.

Fui capaz de observar o contraste entre meu estilo de vida e o de outras pessoas na minha faixa etária. Percebi que o que nos torna idosos é a nossa mente. A maioria das pessoas de minha idade com quem entrei em contato já considerava que a melhor parte de suas vidas havia ficado para trás e vivia com saudade do passado e das lembranças de sua juventude. Mas agora eu posso afirmar com orgulho que tenho setenta anos de juventude acumulada. Agora, vivo numa entrega permanente, abraçando a vida. Eu aceito e me alegro em cada momento em sua perfeição. Não preciso de nada; não estou esperando por nada. Em cada momento eu tenho tudo. Isso transformou minha idade de ouro na parte mais plena de minha existência. Eu aniquilei as duas maiores limitações da idade: o medo e a resistência à mudança.

Não preciso mais procurar por amor fora de mim. Agora, o amor incondicional, a essência de minha busca, está aqui, para sempre.

Desapego

O desapego é considerado o maior ideal espiritual para muitos buscadores dos tempos modernos; no entanto, muito frequentemente, ele é confundido com abandono. Para atingir a iluminação, as pessoas acham que precisam *abandonar, perder, renunciar*. Por exemplo, elas acham que têm que abrir mão de sua riqueza material e viver num estado de pobreza, ou talvez deixar sua família ou pessoas queridas para viver em estado de castidade, sentados no topo de uma montanha gelada, comendo apenas arroz integral. Isso implica que nossas vidas modernas sejam, de certa forma, incompatíveis com a experiência de amor interior, e, por causa disso, há uma grande dose de medo associado com o desapego.

Desapego verdadeiro é encontrar o preenchimento dentro de nós mesmos e cessar de agarrar-nos às coisas a partir de um lugar de medo, sofrimento e carência. Quando atingimos isso, finalmente libertamos a nós mesmos da manipulação, do controle e de outras respostas baseadas no medo que nada têm a ver com o amor.

Você pode ser um multimilionário com uma esposa, uma família e uma carreira de sucesso, e ainda assim não ter apegos – estas circunstâncias externas em si mesmas não impedirão sua liberdade interior –, mas, para se tornar iluminado, seu foco mais elevado tem que estar em unidade com você mesmo. Você não tem que viver numa caverna no Himalaia para alcançar isso – na verdade, isso não servirá para nada, porque assim que pisar de volta no mundo, você descobrirá que seus apegos estão lá, no mesmo lugar onde os deixou!

> *Graças ao amor por*
> *minha experiência humana,*
> *em sua perfeição.*
> (Ponto de atenção: profundo no coração)

Não é a presença ou a ausência das coisas em sua vida que importa – é o quanto você está apegado a elas ou não. Solte todos os sistemas negativos de crenças e falsas ideias, e incorpore sua grandeza em todos os momentos. Deixe de lado os controles e encontre o preenchimento dentro de você. Seja sempre amor-consciência em ação. Ancore-se bem fundo no seu interior e siga pela vida com atenção e sabedoria.

Desapego é uma coisa que acontece naturalmente através da expansão do amor-consciência. Não é algo por que tenhamos que lutar. Quando começamos a encontrar completude em nós mesmos, nossas necessidades de se prender a pessoas ou coisas que costumavam nos fazer sentir seguros desaparecem. Somente então podemos verdadeiramente desfrutar das coisas que estão à nossa volta, pois estamos finalmente livres dos medos de perda subjacentes. Na história a seguir, um de meus alunos fala da libertação que alcançou em relação ao apego pela fama e pelo reconhecimento:

> Trabalhei como ator por mais de trinta e cinco anos. Minha paixão por criar novas personalidades me mantinha sempre em prontidão para abraçar projetos excitantes e desafiadores. Quando comecei a aparecer na televisão, minha situação econômica deu um salto. Ganhei muito dinheiro e alcancei uma alta reputação.
>
> As portas se abriram por todos os lados: não havia nada que eu não pudesse obter. Mas, com o passar do tempo, comecei me identificar com o personagem que criei. Fazendo uma retrospectiva, vejo que nunca valorizei a mim mesmo, que minha segurança aparente dependia completamente do meu status profissional, de "ser alguém". Por dentro, eu tinha medo de morrer; era inseguro e infeliz. Desesperado por amor e aprovação, eu me cobria da máscara frágil do sucesso e da satisfação aparente. Na realidade, eu estava totalmente desconectado de mim mesmo, hipnotizado pela falsa aparência de felicidade e sucesso.
>
> Por baixo da superfície jazia meu coração, abandonado e esquecido. Mas, logo, ele começou a emitir clamores para mim. No começo, foram clamores suaves, eu mal podia ouvi-los, mas com o tempo a voz do coração ficou mais alta. Aquela voz interior me conduziu ao Sistema Isha.
>
> Agora, minha vida é dedicada ao despertar. O caminho que estou trilhando está me levando para perto deste desejo. Agora sinto este amor, um amor que repousa na simples alegria de estar vivo, de acolher a mim mesmo exatamente como sou, na minha própria e única perfeição. Eu nunca havia sentido isso antes. Mas sempre estive procurando por isso.

Soltando os vícios

Vícios são uma forma de apego. São uma tentativa de conseguir alívio temporário de nosso sofrimento interno, causado por nossa necessidade de aprovação e medo do abandono.

Podemos ver comportamentos viciados não apenas nas pessoas, mas também na natureza – no comportamento conjugal dos garanhões, por exemplo. Não há nada mais grandioso do que a dança magnífica do desejo que um garanhão faz para uma égua. Ele relincha e empina, ataca por trás e dá urros, arqueando seu pescoço, sacudindo sua crina. Se ele fosse um dragão, lançaria fumaça de suas narinas infladas. O suor cobre seu corpo pesado até que ele fique escuro como um céu sem estrelas. Sua excitação é tão ardente que ele perde de vista todos os outros objetivos – ele nunca se cansa, e não dorme nem come. Não sente dor alguma – ele está obcecado em possuir a fêmea.

Quantas vezes fazemos o mesmo? Abandonamos a nós mesmos, perdidos no tormento autoinfligido de desejo e vício. É tudo muito romântico, mas a verdade é que quanto mais obsessivos nos tornamos com alguma coisa do lado de fora, menos conseguimos tolerar estar com nós mesmos.

Quando você se perceber obcecado por alguma coisa, é a hora ideal de parar e pensar: "Onde eu não estou me amando?" Então, vá para dentro, encontre o lugar do vazio e use as facetas para preenchê-lo com amor-consciência. Tenha um caso de amor consigo mesmo.

Todos nós temos vícios. Não existe um ser humano sequer que não tenha algum tipo de vício. Pode ser por álcool, trabalho, chocolate, romance, paixão, sexo, controle ou cigarros. Vícios não são ruins em si mesmos. Você apenas tem que olhar além deles. Você tem que perguntar a você mesmo: "Isso está realmente me dando o que eu quero?"

O ponto é: você está apegado a essa experiência? Porque independentemente de em que você está viciado, o problema não é o comportamento em si, mas seu apego a esse comportamento. Quando expandimos nossa consciência, o prazer que extraímos de nossos vícios começam a diminuir, e descobrimos que as coisas que mais desejamos são normalmente as coisas que nos trazem mais sofrimento.

Na história a seguir, uma praticante do Sistema Isha compartilha como ela conseguiu curar vícios profundos através do amor a si mesma.

Quando era criança, eu sofria muito pelas injustiças que percebia no mundo. Aos catorze anos, descobri que ingerir bebida alcoólica ajudava a me sentir melhor. Por volta dos dezesseis, eu usava drogas ilegais, e as dores internas pareciam diminuir. Mas, depois dos dezessete anos entorpecendo meu coração, eu estava tão desesperada que sabia que deveria fazer alguma coisa diferente. Meu consumo de drogas fugiu do controle. Eu só queria ficar sozinha com minhas drogas e nada – nem mesmo minha filha, meu parceiro ou minha profissão – fazia tanto sentido para mim quanto meu próximo barato.

Quando aprendi o Sistema Isha, comecei a experimentar uma felicidade e uma luminosidade autênticas no fundo de mim mesma. Eu finalmente havia encontrado alguma coisa que eu preferia ao meu velho costume de consumir drogas! Então, decidi entrar para os Narcóticos Anônimos para, de uma vez por todas, pôr um fim no meu consumo de drogas.

Hoje, estou limpa há mais de um ano. Somente três por cento dos viciados que chegam aos Narcóticos Anônimos ultrapassam um ano sem cair de novo no vício, e me tornei um deles. Por que eu mudei? Como consegui isso, se por muitos anos eu não podia passar um dia sequer sem me drogar? Eu estava fadada a morrer de overdose, era assim que eu me via. Eu era um caso perdido. Mas praticar o Sistema Isha me manteve viva, limpa e feliz.

Agora, eu me aprecio como mãe. Minha filha passou a gostar da minha companhia, e eu gosto da dela. Me sinto bem com quem eu sou. Não sou mais um problema para meus familiares, para a sociedade, ou para o planeta. Não sou mais um problema para mim mesma! Eu sou parte da solução.

O sofrimento vem da necessidade. Sentimos que, sem uma coisa em particular, não somos completos ou preenchidos, mas, como com qualquer falso deus ou droga, o que sobe deve descer: quando as drogas deixam o sistema, nos sentimos doentes. O alto é sempre seguido pela desilusão e pela necessidade de alcançar aquela sensação de novo.

Através da prática do Sistema Isha, o amor começa a se expandir, e nossos vícios começam a desaparecer naturalmente. Quando o sistema nervoso eleva sua frequência, o corpo começa a rejeitar as substâncias ou os comportamentos a que nós estamos viciados, porque para prosseguir com a verdade – para se mover dentro do amor-consciência – ele deve se curar e melhorar.

À medida que o amor-consciência aumenta, nossos vícios vão enfraquecendo, e se nós tentarmos nos apegar a eles, veremos que estamos apenas prolongando nosso sofrimento. É claro, nos tempos antigos, quando éramos robôs, podíamos simplesmente trocar um vício por outro, mas agora que a vida começou a nos mostrar nossa verdadeira natureza, não podemos mais ignorar a verdade. Temos que

> ***Om unidade.***
>
> *Ponto de atenção: subindo a base da coluna até o topo da cabeça.*

começar a nos soltar e encontrar a plenitude dentro de nós mesmos.

Isso pode ser assustador e pode fazer com que se sinta inseguro, porque é como se lançar num vazio desconhecido. Ainda assim, uma vez que nos lançamos, as recompensas são ilimitadas, porque o salto de fé é sempre conjugado com o amor incondicional. Esse salto de fé faz com que o galho a que estávamos agarrados – o galho do medo – se dissolva.

Quando você se lança no vazio, você voa.

A Oportunidade de uma vida

A maioria de nós experimenta momentos de felicidade na vida; muitos olham para trás, para o que lhes aconteceu antes, e sentem grande regozijo. Todavia, lá no fundo, jaz uma ânsia sem fim por quebrar a tranca do segredo de quem realmente somos, de achar a libertação verdadeira do sofrimento, dos vícios e das perdas.

Muitos de nós experimentam relacionamentos amorosos, assim como de outros tipos, que acabam em drama e descontentamento. Por breves momentos, vivenciamos o que costumamos chamar de amor, mas é quase sempre tão cheio de apegos que, na verdade, não tem quase nada a ver com a natureza do amor verdadeiro. Porém, nem mesmo nos tornamos conscientes disso, de tão acostumados que estamos a esse padrão de existência. Estamos tão acostumados às escolhas que nos fazem sofrer que nem sequer percebemos que as estamos escolhendo. O intelecto é tão poderoso que ele nos convence de que estamos aproveitando a vida desse jeito.

Quando as facetas começam a operar, começamos a perceber a perfeição. Nós nos tornamos amor, em vez de sermos robôs, desconectados, caminhando adormecidos pela vida.

Sempre que me lembro de como eu costumava viver, parece que eu estive numa neblina, tentando entender o que aquilo tudo significava. Quando cresci, a neblina se transformou num nevoeiro alcoólico, mas eu ainda era a mesma pessoa, fazendo as mesmas coisas, mecanicamente. É incrível como a ilusão é poderosa, a *matrix* do intelecto – é tão poderosa que consegue sufocar Deus. Continuamos a nos reprimir e nos agarrar aos medos, até chegarmos a um ponto em que não podemos suportar mais.

Então, alguma coisa sempre acontece. Ficamos doentes ou perdemos um ente querido – alguma coisa acontece para que a pressão seja aliviada, e nós paramos de fazer o que vínhamos fazendo antes e começamos a fazer novas escolhas.

Era uma vez um monge que queria muito alcançar a iluminação. Ele foi até seu mestre e disse: "Mestre, o que devo fazer para me tornar um iluminado? Eu quero fazer algo!"

O mestre respondeu: "É fácil! A única coisa que você tem que fazer é ir até o rio, e lá, em suas margens, você encontrará milhares de pedras. Todas estão frias, com exceção de uma – uma das pedras está quente. Se você me trouxer a pedra quente, você se tornará um iluminado."

Como homem muito inteligente que era, resolveu que, para não pegar na mesma pedra duas vezes, ele pegaria as pedras frias e as jogaria dentro do rio. Foi o que ele fez. Ele pegava uma pedra, sentia a frieza na mão e a atirava no rio. E fez isso realmente milhares de vezes.

O monge fez isso durante todos os dias, por trinta anos. Até que, um dia, ele pegou uma pedra...

Sentiu-a...

Estava quente!

Mas, movido pelo hábito, ele a atirou no rio.

O sistema que compartilhei com você neste livro é uma pedra muito quente. Não o descarte, pelo hábito, para jogá-lo automaticamente no rio. Esse sistema trabalha com a experiência, e para desfrutar de seus benefícios, você deve dar a ele a oportunidade de fazer o seu trabalho.

O que esse sistema promete é a oportunidade de se experimentar o amor incondicional por si mesmo. Experimentar o céu na terra, estar rendido em cada momento, e fluir com as mudanças do universo. Viver o aqui e agora, abraçando a abundância, a beleza e a mágica da vida. Perceber a perfeição de sua criação e *desfrutar sua dualidade* – suas inconsistências, suas humanidades, cada uma de suas facetas únicas e infinitas. Quando você muda sua percepção, descobre que essa experiência humana pode se tornar a brincadeira mais excitante, maravilhosa, inspiradora e iluminada que jamais existiu.

Humanidade pode ser uma coisa complexa, divertida, bela, preocupante, insuportável, deliciosa, fascinante, entorpecente, criativa e artística. Eu a vejo como um gigantesco pot-pourri que lanço no ar e ele se multiplica como pipoca quando cai ao chão. A vida é um jogo cheio de maravilhas, e a natureza é o meu pátio de diversões. Eu me divirto na beleza deste planeta. Amo a magnificência dos Andes, os áridos desertos chilenos, as praias cercadas de palmeiras e coqueiros do Brasil, as selvas ardentes da Colômbia e as montanhas esverdeadas da Austrália. Amo o poder e a perfeição dos animais – desde a aparência cômica do ornitorrinco e do vombate australiano até a majestade de um cavalo puro-sangue perfeitamente esculpido. Amo o gato magricela dos becos, que mais parece uma infecção ambulante, como amo a majestade de um jaguar negro que se move furtivamente pelas florestas. Eu me encanto com os contrastes da cidade – gosto do barulho, da desordem e da harmoniosa arquitetura das avenidas, assim como das aldeias situadas no alto das montanhas.

Não há lugar algum na criação onde a maravilha não possa ser encontrada.

A inspiração pode vir de pessoas de todas as culturas, do místico indiano Osho a Nelson Mandela, e até do mendigo com sorriso desdentado na esquina de uma rua qualquer. A criatividade da humanidade se apresenta em incontáveis formas – através de grandes poetas, atrizes, filósofos e gurus, assim como das chamadas pessoas comuns que encontramos todos os dias.

O mundo é cheio de diversidade, e a beleza pode ser achada por toda parte. Quando você experimentar a unidade, não verá nada além da perfeição. Você não sentirá mais medo, pois conhecerá, finalmente, a grandeza que você é.

Imagine-se olhando num espelho
e o rosto que olha para você é de alguém que você realmente ama.
Apenas imagine...

Com amor,
Isha

Anexo 1

Obtendo ajuda

Se você tiver perguntas sobre a prática do Sistema Isha ou sentir necessidade de falar com alguém que passou pelo processo de crescimento que você está começando a experimentar, visite www.isha.com para conseguir ajuda gratuita.

Ainda que os ensinamentos neste livro estejam completos, há muitas oportunidades para se compartilhar essa experiência maravilhosa com outros praticantes do sistema, através de seminários avançados e conferências. No site www.isha.com você encontrará informações complementares sobre o Sistema Isha, grupos de apoio e eventos ao redor do mundo.

Recomendamos enfaticamente a participação em um seminário do Sistema Isha para um apoio adicional à sua prática. Neste seminário você pode optar também por receber Portais avançados, com o intuito de acelerar seu processo de crescimento.

Anexo 2

"La I" Uruguai

Isha fundou um centro internacional para a expansão da consciência, "La I", no litoral do Uruguai.

Do momento em que você chegar até a hora da partida, "La I" o acolherá calorosamente, envolvendo-o no seu brilho, em seus espaços amplos e comodamente aquecidos, um lugar perfeito para explorar seu "eu" interior e mergulhar fundo nas ondas sempre em expansão da consciência. Mestres qualificados estarão disponíveis para apoiá-lo em seu processo durante vinte e quatro horas por dia.

"La I" Uruguai oferece um novo conceito de férias. Uma visita a "La I" não é algo como fugir da vida real ou "largar tudo" – mas é algo como retornar ao seu coração. Férias em "La I" é uma jornada de volta ao seu interior. É a aventura definitiva na direção de seu ser, da sua essência. Nós o convidamos para vir e explorar suas profundezas interiores, para ter o perfeito romance de férias com a melhor companhia que poderia encontrar...

Você.

Para mais informações e reservas, entre em contato conosco:

Uruguai: (0**598) 37 36994
Estados Unidos: (646) 688-5232
reservations@isha.com
www.isha.com

Agradecimentos

Quando uma estrela brilha intensamente, ela acende uma luz no coração da humanidade. Mas quando um milhão de estrelas brilham, a luz delas é suficiente para iluminar a escuridão e despertar a totalidade da criação.

Eu me considero muito feliz por estar cercada por uma miríade de estrelas que estão irradiando seu brilho constantemente. Quero agradecer a todos que colaboraram com seu amor na criação deste livro.

À equipe da New World Library, que entendeu e apoiou minha visão.

À Sankara, que trabalhou incansavelmente quando juntávamos os filamentos deste livro.

A Kali, que, balançando sua cauda, nos abençoou com amor incondicional.

E, mais importante, gostaria de expressar meu amor eterno e agradecimento aos meus mestres extraordinários e aos meus alunos maravilhosos, que assumiram a responsabilidade de elevar a consciência da humanidade através de sua própria cura interior.

Sobre a autora

Isha é australiana, mas vive na América do Sul desde o ano 2000, onde iniciou uma impressionante trajetória como escritora e mestra espiritual, e criou uma organização internacional dedicada a promover seu trabalho ao redor do mundo. Ela é a criadora da Fundação Isha de Educação pela Paz; seus programas foram levados a crianças, executivos, políticos e pessoas comuns de todo o planeta. Ela tem projetos especiais para prisioneiros e portadores de deficiências, e recebeu convite das autoridades colombianas para dar aulas aos ex-combatentes da guerrilha, como parte de seu processo de reintegração na sociedade.

Isha mora no Uruguai e pode ser encontrada em seu site: www.isha.com.

markgraph

Rua Aguiar Moreira, 386 - Bonsucesso
Tel.: (21) 3868-5802 Fax: (21) 2270-9656
e-mail: markgraph@domain.com.br
Rio de Janeiro - RJ